読者限定

# ことりっぷ co-Trip

# 函館

## 電子書籍が
## 無料ダウンロード
## できます♪

電子書籍のいいところ

購入した「ことりっぷ」が
いつでも
スマホやタブレットで
持ち運べますよ♪

まずは
**ことりっぷアプリを
ダウンロード**

詳しくは裏面で

JN007505

# 函館に行ったら…

函館に着きました。

# さて、なにをしましょうか？

**異国情緒ただよう函館は、街歩きが楽しみ。元町の坂道を散歩しながらお茶やお買い物、五稜郭や函館山からの夜景も見逃せません。**

1859（安政6）年に開港した函館は、国際貿易港として外国船が出入りし、多様な文化が花開きました。坂道沿いに並ぶ教会や洋館を見たり、古い建物を利用したカフェやショップめぐりも楽しみ。歴史ある湯の川温泉でくつろいだり、大沼や郊外の修道院に足をのばすのもいいですね。

ツタのからまるはこだて明治館は、1911（明治44）年築の旧函館郵便局舎。レトロなポストが目印です。P.28

**check list**

- □ 坂道散策で教会と洋館めぐり P.16,18
- □ ベイエリアの赤レンガ倉庫街さんぽ P.28
- □ 函館山から夜景を見る P.38
- □ 五稜郭で幕末ロマンにふれる P.44
- □ トラピスチヌ修道院へ P.90
- □ 湯の川温泉でホッとひと息 P.86,88
- □ 大沼で森と湖に癒される P.94
- □ 
- □ 

緑が豊かな五稜郭公園は憩いの場。タワーの展望室からは、くっきりした星形を見ることができます。P.44

レトロな教会と坂のコントラストはどこを切り取っても絵になります。P.16

函館の中心地から市電で行ける湯の川温泉。上質なお湯とくつろぎの宿が待っています。P.86

一足のばして大沼へ。豊かな自然を満喫しながら遊覧船やカヌー体験をしてみましょう。P.94

# 函館に行ったら…

# なにを食べましょうか？

## 函館ならではのおしゃれなカフェや
## ハイカラな洋食は外せません。
## 新鮮な魚介も魅力的です。

朝市や寿司店でいただける、近海の新鮮な海の幸を使った海鮮丼やお寿司はさすがのおいしさ。塩味が基本の本場函館ラーメンもぜひ食べたいですね。また古くから外国の文化にふれた函館には、歴史あるフレンチの店や洋食店、コーヒー店なども点在しています。

函館には古い建物をリノベーションしたカフェがいっぱい。和と洋、どちらのカフェも楽しみ。P.20

洋食の歴史が古い函館では、独自に進化した函館スタイルの洋食もいろいろそろっています。P.60

**check list**

- ☐ おしゃれカフェめぐり P.20,30,68
- ☐ 新鮮なお寿司や海鮮丼 P.52,54
- ☐ 函館のソウルフード P.58
- ☐ ハイカラな洋食 P.60
- ☐ あっさり塩ラーメン P.66
- ☐
- ☐
- ☐
- ☐

# なにを買いましょうか？

地元素材にこだわった、おいしくて見た目もかわいい函館スイーツをおみやげに。P.80

## 函館みやげの定番は魚介と加工品。
## 乳製品やスイーツも欠かせません。
## 自分用にはおしゃれなクラフトを。

にぎやかな朝市や自由市場では、新鮮な魚介や加工品をおみやげに。アスパラガスやジャガイモなど季節の野菜を送ってもらうのもいいですね。話題のスイーツや人気のベーカリーもぜひチェックして。おしゃれな雑貨やクラフトも多いので、お店めぐりも楽しみです。

函館ならではの新鮮な海の幸や加工品。函館朝市や自由市場でじっくり吟味して。P.42

**check list**

- ☐ キュートな雑貨やクラフト P.24,36
- ☐ 海鮮や加工品は海鮮市場で P.34
- ☐ 五稜郭タワーで五稜郭グッズ P.45
- ☐ 函館スイーツやパン P.74,76
- ☐ 函館らしいこだわりみやげ P.80
- ☐
- ☐

小さな旅のしおり

# 今週末、2泊3日で函館へ

**かつて、文明がはなやかに開花したまち函館。エリアごとに集中する見どころを効率よく回ることで、1泊2日で主要エリアを満喫し、残り1日で少し足をのばして郊外まで楽しむことができます。**

## 1日め

### 10:00

函館空港到着後、バスで函館駅へ。市電で宿泊ホテルへ行き、大きな荷物を預けましょう。ホテルからは徒歩で、ベイエリアの散策へ出かけます。

### 10:30

函館の発展を見つめてきたベイエリア。**赤レンガ倉庫群** P.28で歴史と潮風を感じて。

### 12:00

海沿いの**ラッキーピエロ マリーナ末広店** P.59でランチ。ボリューム満点のメニューが魅力。

### 13:30

午後はベイエリアから歩いて元町へ。**旧函館区公会堂** P.18などの歴史的建造物と坂が織りなす独特の景観が楽しみ。

コーヒーでひと息

### 16:00

八幡坂の中ほどにある**箱館元町珈琲店** P.16で休憩。自家製ケーキや軽食をこだわりの一杯と。

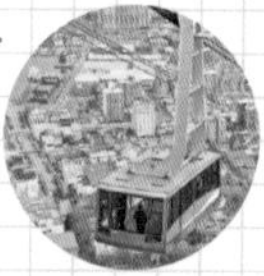

夜景を目指し**函館山ロープウェイ** P.38へ。山麓駅と山頂駅が3分で結ばれています。

### 18:00

**函館山山頂展望台** P.38から美しい夜景を鑑賞。日没時間は季節によって異なるので事前チェックをお忘れなく。

### 19:00

元町はいち早く西洋の味を取り入れた街。函館で最も歴史のある洋食店の**五島軒 レストラン雪河亭** P.60で本格的な洋食をいただきましょう。

### 21:00

宿泊はベイエリアの**HakoBA 函館 by THE SHARE HOTELS** P.49。旧銀行の趣あるホテルです。

# 2日め

## 8:30

函館朝市へ朝ごはんをいただきに、市電で函館駅前へ。このとき車内で「市電1日乗車券」を購入しましょう。

定食もおいしそう

## 8:45

**朝市食堂 函館ぶっかけ** P.52の多様な海鮮丼からお好みの一杯を見つけて。

## 9:30

**函館朝市** P.42でおみやげ探し。発送が便利です。

## 11:00

**パティスリー ラパン・ド・ネージュ** P.72でスイーツを楽しみます。

## 12:40

市電で五稜郭方面へ。五稜郭タワー前にある**麺厨房あじさい** P.67で函館名物塩ラーメンのランチです。

## 14:00

五稜郭公園に隣接する**五稜郭タワー** P.45からは星形がはっきりと見てとれます。函館の歴史に関する展示も見応えあり。

五稜郭タワーから見てみましょう

## 15:00

土方歳三も参戦した箱館戦争の舞台、五稜郭跡は**五稜郭公園** P.44として開放されています。散策しながら箱館戦争の名残に触れてみて。

140年の時を超えて甦った箱館奉行所

## 17:00

今宵の宿、湯の川温泉の**HAKODATE海峡の風** P.88へ市電で。ホテルでディナーと温泉を心ゆくまで満喫しましょう。

## 3日め

8:00

海鮮にこだわったホテルの朝食バイキングで1日をスタート。

やさしい甘味に
癒されて

10:00

**湯の川温泉街** P.84をのんびりおさんぽ。足湯で休憩したり、ちょっとした食べ歩きも楽しめます。

12:00

地元産の素材を使用した美しいフレンチ料理を楽しめる**Restaurant Assiette Caprice** P.91でランチにします。

タクシーで10分ほど移動。

13:30

緑に囲まれた**天使の聖母トラピスチヌ修道院** P.90を見学。神聖な場で心も清らかに。

修道女が
製造する焼菓子

タクシーで
10分ほど移動。

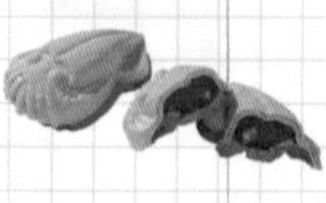

15:30

フライトまで**函館空港** P.81内のショップでおみやげ探し。函館ならではのおみやげから北海道銘菓までそろいます。

16:45

函館空港を
出発です。

## 私の旅のしおり

### プランづくりのコツ

函館は元町やベイエリア周辺に見どころが集まっています。函館中心部に着いたらまず、大きな荷物をホテルに預けましょう。ベイエリアと元町の観光スポットのほとんどは徒歩でまわることができます。夜景が楽しめる函館山山頂へはロープウェイで行くのが定番ですが、函館駅から出ている函館山登山バス（ベイエリア、元町経由）を利用するのもおすすめです。五稜郭と湯の川温泉に行くには市電が便利です。市電を何度も利用するなら、「市電1日乗車券」の購入をお忘れなく。天使の聖母 トラピスチヌ修道院など、湯の川温泉周辺の見どころへは路線バスで行くことができますが、荷物がある場合や時間を気にせず観光をする場合はタクシーを利用しましょう。

### 1日め

函館空港
↓
JR函館駅前
↓
ベイエリアでおみやげ探し
↓
ラッキーピエロでランチ
↓
元町で教会・洋館めぐり
↓
箱館元町珈琲店でひと休み
↓
函館山夜景
↓
五島軒 レストラン雪河亭で夕食
↓
ベイエリアのHakoBA 函館 by THE SHARE HOTELSにチェックイン

### 2日め

函館朝市で朝ご飯&おみやげ探し
↓
パティスリー ラパン・ド・ネージュでひと息
↓
麺厨房あじさいで塩ラーメン
↓
五稜郭タワーと五稜郭公園を散策
↓
湯の川温泉のHAKODATE海峡の風にチェックイン

### 3日め

ホテルで朝ご飯
↓
湯の川温泉周辺をおさんぽ
↓
Restaurant Assiette Capriceでランチ
↓
天使の聖母 トラピスチヌ修道院を見学
↓
函館空港でおみやげを買って帰路に

my memo

ことりっぷ co-Trip 函館

CONTENTS

小樽駅
小樽
札幌
札幌駅
北海道
新千歳空港
支笏湖
洞爺湖
内浦湾
(噴火湾)
大沼
大沼
大沼公園駅
日本海
江差
新函館北斗駅
函館駅
函館空港
木古内駅
函館
太平洋
北海道新幹線
松前
津軽海峡
青森県

赤レンガ倉庫群と函館港

満開の桜と五稜郭

初夏にはバラが咲きます

おいしいスイーツもたくさん

海鮮丼は欠かせない

こだわりの料理を召し上がれ

レトロな街並みを市電が走る

函館駅前のHAKOVIVA

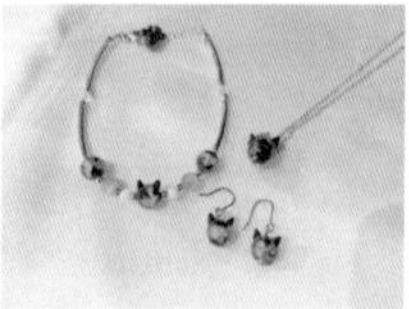

女心をくすぐる雑貨も

# 気になる函館

坂道から眺める港がロマンチックな函館。
坂と坂をつなぐ横道に入ると思いがけない
すてきなお店や、レトロな洋館に出会ったり、
おさんぽするのが楽しくなる街です。
教会の鐘の音を聞きながら、
レトロなカフェでお茶をいただいたり、
ハイカラな港町の空気をのんびり楽しみましょう。

# エキゾチックな港町 函館をさくっと紹介します

**1859（安政6）年に日本初の国際自由貿易港として開港し、諸外国の文化が入り交じりながら発展した函館。異国情緒と、港町の大らかさが共存する独特の街並みが魅力です。**

## 旅の前におさえておきたい基本情報

### JR函館駅の観光案内所が便利です

JR函館駅に着いたら、構内の観光案内所へ立ち寄ってみましょう。市内観光に便利な市電の1日乗車券を販売しているほか、主要観光スポットのパンフレットなどが手に入ります。駅構内には、人気の函館みやげをそろえた売店や、大小のコインロッカーもあります。駅を出て左方向にタクシー乗り場、右方向の徒歩3分ほどの場所には市電乗り場があります。

■函館市観光案内所
☎0138-23-5440
函館市若松町12-13（JR函館駅内）
9:00～19:00
休無休 Pあり MAP付録① C-1

### ほかの観光案内所はこちら

十字街電停近くの函館市地域交流まちづくりセンターでも観光案内を行っています。

■函館市地域交流まちづくりセンター
P.23

### 宿えらびはここがポイント

函館市内の宿は大きく3つのエリアに分かれます。

（1）函館駅周辺に集まる、ゆったりしたシティホテルやビジネスホテル。
（2）ベイエリア、元町周辺のプチホテルやシティホテル。
（3）湯の川温泉の旅館やホテル。

（1）は1日中目いっぱい観光して「宿ではのんびり休息」と考える人に、（2）はインテリアや建物に特徴のある宿が多いので、宿でも思い出づくりをしたい人に向いています。いずれも素泊まりか朝食付が基本なので、夕食は市内で好きなものを食べるのがいいでしょう。素泊まりなら、函館朝市内で海鮮丼などを朝食にするのもおすすめです。

（3）は市街地から少し離れているので、チェックイン後に市街地に戻るのはちょっと大変。温泉街に泊まる日は、各宿の食事と温泉をのんびり楽しむのがおすすめです（プランづくりのアドバイスはP.9にもあります）。

函館みやげをお買いもの P.28

**ベイエリア・赤レンガ倉庫群《ベイエリアあかレンガそうこぐん》**

港に並ぶ赤レンガ倉庫がおしゃれなスポット。

外国映画のような風景 P.26

**外国人墓地《がいこくじんぼち》**

海を背景に、さまざまな国や宗教の人が眠る墓地。

世界三大夜景に酔いしれる P.38

**函館夜景《はこだてやけい》**

中央がくびれた独特の地形が、夜景をより美しく見せる。

歴史の舞台を体感したい

## 五稜郭《ごりょうかく》 P.44

箱館戦争の舞台・五稜郭。地上107mのタワーにも上ってみて。

観光拠点＆情報集め＆おみやげ

## JR函館駅《ジェイアールはこだてえき》 P.80

列車で来る人はここが玄関口。案内所やコインロッカーも。

空の玄関口

## 函館空港《はこだてくうこう》 P.81

湯の川温泉へのアクセス良好。おみやげショップも充実している。

港や海沿いに行くと出会えるカモメ…

異国情緒あふれる坂道

## 元町《もとまち》 P.16

いくつもの坂道に教会や洋館が建ち並ぶ。カフェもたくさん。

歴史のある温泉でのんびり

## 湯の川温泉《ゆのかわおんせん》 P.84

函館郊外の温泉街。和風旅館から近代的なホテルまで。

函館のベストシーズンは夏。カラッとして過ごしやすく、名物のイカも旬を迎えます。

# どこを切り取っても絵になる 元町ノスタルジックさんぽ

**海を望む坂道と古い洋館、そして教会の鐘の音。
函館の景色は異国情緒にあふれています。
エキゾチックでノスタルジックな雰囲気を味わいましょう。**

ぐるっと回って
**2時間**

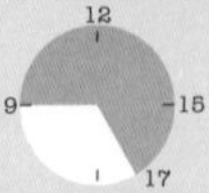

おすすめの時間帯

教会を訪ねる坂道の散策は、夜景と並ぶ見どころのひとつ。4つの教会は1～3分の距離なので、カフェで休んでも2時間ほどで回れます。坂の上からは、教会と港のベストショットも狙えますよ。

港が最も美しく見える坂

## 八幡坂 はちまんざか

映画やテレビの撮影地として数多く登場する坂道。坂の上から函館湾を一望できるロケーションや、並木とのコントラストも美しく、道の先には青函連絡船記念館摩周丸も望める。

坂 0138-23-5440（函館市観光案内所） 函館市元町、大町、末広町 見学自由 P なし 市電末広町から徒歩5分 MAP 付録① B-2

1 八幡坂の頂上中央に立つと、正面の海に浮かぶ摩周丸を撮影できる 2 夜になると街灯が灯り、街路樹や石畳を照らす

1 深煎珈琲Bitter 650円と北海道産かぼちゃのケーキ500円 2 季節や気温などで微調整しながら焙煎

香りとコクが自慢のコーヒー

## 自家焙煎珈琲 箱館元町珈琲店

じかばいせんこーひーはこだてもとまちこーひーてん

八幡坂沿いに建つ自家焙煎コーヒー店。鮮度に注意を払い生豆を選別、焙煎し、丁寧にドリップされたコーヒーがいただける。自家製ケーキやフードメニューも魅力。

カフェ 0138-83-1234 函館市元町31-11 10:00～17:30 休 火曜（祝日の場合は営業） P あり 市電末広町から徒歩5分 MAP 付録① B-2

元町にある坂コレクション

### 二十間坂 にじゅっけんざか

1879（明治12）年の大火後、どんな火事でもくいとめられるように整備された、二十間（約36m）の広い坂。
MAP 付録① B-2

### 大三坂 だいさんざか

石畳の美しい坂。名称は江戸時代に「大三」という郷宿（公用で出てきた人が止まる宿）の家印に由来。
MAP 付録① B-2

### 基坂 もといざか

街づくりの基点となった坂。元町公園周辺には行政機関が置かれており、坂下には距離を測る元標が立てられた。
MAP 付録① B-2

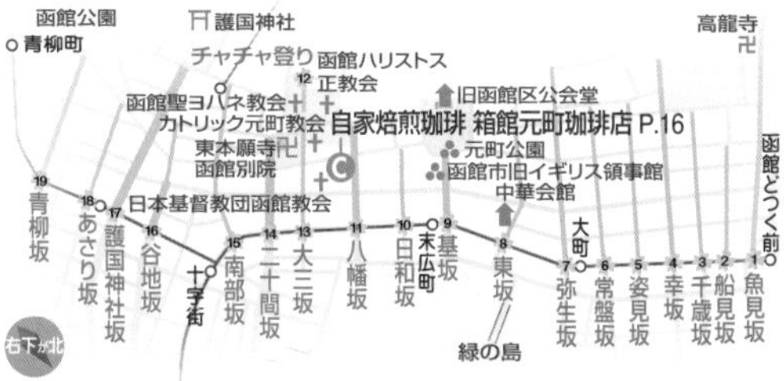


### 建物に宗派やお国柄の違い

函館ハリストス正教会はロシア・ビザンチン様式。フランスの宣教師が建てたカトリック元町教会は荘厳なゴシック形式です。

1 カトリック元町教会は屋根の上に雄鶏のあるゴシック様式 2 チャチャ登りの上からは有名な教会がいくつも眺められる 3 カトリック元町教会の屋根の上にある雄鶏 4 日本基督教団函館教会の建物は、ホワイトとコバルトグリーンでかわいいイメージ 5 函館聖ヨハネ教会はどの角度から見ても十字架が見える独特の造り 6 函館ハリストス正教会の聖堂内 7 函館ハリストス正教会は、元町教会群のシンボル 8 大三坂の上のカトリック元町教会は人気の撮影スポット

尖塔アーチの窓が印象的

## 日本基督教団函館教会

にほんきりすときょうだんはこだてきょうかい

1874（明治7）年に米国人宣教師ハリスによって創設。現在の建物は1931（昭和6）年築。評論家・亀井勝一郎も通ったゴシック様式の教会。

教会 ♪0138-22-3342 ⌂函館市元町31-19 ⏰9:00～17:00見学可能（要事前予約）休日・月曜 Pなし 🚶市電末広町から徒歩5分 MAP付録① B-2

シルエットが目をひく

## 函館聖ヨハネ教会

はこだてせいヨハネきょうかい

1874(明治7)年にイギリスの宣教師デニングが伝道を始めた英国国教会に連なるプロテスタントの教会。茶色の十字屋根が特徴的な建物。

教会 ♪0138-23-5584 ⌂函館市元町3-23 ⏰5月2日～11月3日は内部見学可能（要事前予約）、外観は見学自由 Pなし 🚶市電十字街から徒歩15分 MAP付録① B-3

日本初の正教会

## 函館ハリストス正教会

はこだてハリストスせいきょうかい

ロシア領事館付属聖堂として1860（安政7）年に建てられた日本最古の正教会の聖堂。現存する建物は1916（大正5）年築。

教会 ♪0138-23-7387 ⌂函館市元町3-13 ⏰10:00～16:00（日曜は13:00～）休無休（日曜午前中と教会行事の際は見学不可、12月25日～3月24日は不定休）¥館内見学（献金）として200円 Pなし 🚶市電十字街から徒歩10分 MAP付録① B-3

荘厳なカトリック教会

## カトリック元町教会

カトリックもとまちきょうかい

1910（明治43）年に建立し、1921(大正9)年の大火で類焼したが1923(大正12)年に復元修築された。祭壇はローマ教皇から贈られたもの。

教会 ♪0138-22-6877 ⌂函館市元町15-30 ⏰10:00～16:00 休無休（日曜午前と教会行事の場合は見学不可）¥無料 Pなし 🚶市電十字街から徒歩10分 MAP付録① B-2

函館とコーヒーの歴史は古く、安政初期の資料によると、寒気防ぎのためとかっけを防ぐため珈琲豆一袋を配った、とのことです。

# 元町で洋館めぐり 異国文化漂う風景に出会えます

かつて街の中心として栄えた基坂周辺には明治から大正時代の洋館が建ち並びます。
レトロな建物や、港を一望する景色を眺めながら
歴史に思いを馳せつつ、のんびり散策を楽しみましょう。

1ブルーグレーの外観が美しいモダンな旧函館区公会堂 2リノリウムの柄が再現された大広間 3貴賓室 4基坂を上り切った高台にある庭園風の元町公園 5旧北海道庁函館支庁の現在の建物は1909年築で、1994年に修復整備された 6元町公園内にある安藤泉作ブロンズ像「大地と海と僕たちと」

明治時代の面影を残すモダンな洋館

## 旧函館区公会堂《きゅうはこだてくこうかいどう》

明治の面影を残す木造洋館。ブルーグレーとイエローの外壁、大理石の暖炉を備えた貴賓室、シャンデリアなど、諸所に当時の華やかさが漂う。衣装レンタルも可能。

文化財 ☎0138-22-1001 函館市元町11-13 9:00～19:00（火～金曜は～18:00、11～3月は～17:00） 休無休（臨時休あり） ¥300円、衣装レンタル30分洋装コース2500円～、和装コース4000円～ Pなし 市電末広町から徒歩10分 MAP付録① B-2

かつて箱館奉行所があった場所

## 元町公園《もとまちこうえん》

函館港を一望できる絶好の位置にある、函館の歴史を今に伝える公園。初夏には旧イギリス領事館とともにバラが咲き乱れる名所として知られている。園内にあるルネサンス風建築の旧北海道庁函館市庁庁舎内には飲食店が入る。

公園 ☎0138-23-5440（函館市観光案内所） 函館市元町12-18 入園自由 Pなし 市電末広町から徒歩7分 MAP付録① B-2

ぐるっと回って
**2時間**

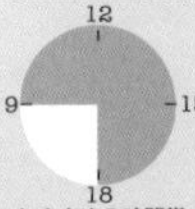

おすすめの時間帯

明治の面影に浸りながらの洋館めぐりでは、周辺をおさんぽするだけでも、ハイカラ気分を味わえます。時間配分を考え、上りながら建物内部の見学をするか、下りながら行うかを決めましょう。

### 明治時代の洋風建築物

旧函館区公会堂は、函館の豪商・相馬哲平が巨額の寄付をし、1910（明治43）年に完成しました。左右対称形が特徴です。

1開港の歴史を伝える函館市旧イギリス領事館 2バラに囲まれた洋風庭園。ヴィクトリアン調にデザインされた東屋とブロンズの噴水がある 3領事館の門に掲げられていたイギリスの門章 4展示室「家族居室」 5ショップ「ヴィクトリアンローズ スーベニアショップ」 6領事執務室を再現

開港の歴史を伝える記念館

## 函館市旧イギリス領事館

はこだてしきゅうイギリスりょうじかん

度重なる火災の後、1913(大正2)年に現在地に再建。レンガ造りで外壁には塗装が施されている。現在は「旧イギリス領事館」と「開港記念館」の2つのテーマで館内を展示公開。英国の魅力あふれるカフェや売店も併設している。

文化財 ☎0138-83-1800 函館市元町33-14
9:00〜19:00（11〜3月は〜17:00） 休無休 ¥300円 Pなし
市電末広町から徒歩5分 MAP付録① B-2

### 歴史と文化が詰まった元町

元町は北海道で最初に異国文化の洗礼を受けた場所。函館港を見下ろすように走る坂沿いに世界各国の領事館や教会が建てられた歴史もあり、異国情緒あふれる町並みは現在もそのまま残っている。

歴史性を表すレトロな元町の教会群と函館湾

函館市旧イギリス領事館の領事執務室や、領事の家族居室では椅子に腰かけたり、記念撮影ができます。

# 雰囲気のあるカフェでゆったりティータイム

坂道が多い元町・ベイエリアさんぽの途中に、甘いものでちょっとひと休み。
周辺には、歴史的建造物などをリノベーションしたカフェがたくさんあります。
時が止まったかのような空間でおすすめスイーツをいただきましょう。

1アフタヌーンティーセット1名分2800円(オーダーは2名分～)。紅茶とともにスコーンやサンドイッチなどがいただける 2窓からやさしい光が差し込む 3薔薇ゼリーアイス1つ750円 4領事館だった頃からそのまま置かれている棚 5当時の雰囲気そのままに残る暖炉すぐそばのテーブル席

元領事館で楽しむアフタヌーンティー

## ヴィクトリアンローズティールーム ‖元町‖

函館市旧イギリス領事館P.19に入るカフェ。イギリスから取り寄せた家具や茶器を使用した趣のある店内で、アフタヌーンティーセットをはじめ世界三大紅茶の産地と呼ばれるスリランカ、インド、中国の選りすぐりの紅茶を楽しめる。

☎0138-83-1800(函館市旧イギリス領事館)
⌂函館市元町33-14 🕒10:00～17:00(11～3月は～16:00) 休無休 Pなし ‼市電末広町から徒歩5分 MAP付録① B-2

おみやげはこちらで

優雅なティーグッズが充実

## ヴィクトリアンローズスーベニアショップ

鎖国時代から開国した「箱舘」をルーツに、世界中から厳選し集めた商品を販売するショップ。エリザベス女王御用達の傘など、ここでしか手に取ることのない充実したアイテムが勢ぞろい。

☎0138-83-1800 🕒10:00～18:00(11～3月は～16:00) 休無休 MAP付録① B-2

1ティールームに併設の上品なショップ
2英国ブランド、キャスキッドソンのハンドクリーム1650円

**当時の流行は“擬洋風建築”**

異国情緒漂う函館の街並み。開港当時に洋式建築の影響を受け、1階は和風、2階は洋風という擬洋風建築が流行しました。

1

2

3

ブルーの外観が涼しげでキュート

## ROMANTiCO ROMANTiCA

‖ベイエリア‖ロマンティコロマンティカ

地元っ子からは「ロマロマ」の愛称で幅広い年齢層から親しまれている人気店。手作りのケーキやパフェ、種類豊富なドリンクに加え、カフェごはんも充実している。建物は1916（大正5）年築で、缶詰工場や商社の事務所として使われてきたもの。

☎0138-23-6266 ⌂函館市弁天町15-12 ⏰11:00～19:00 休火・水曜 Pあり 🚶市電大町から徒歩3分 MAP付録① B-1

1 1階部分がカフェ。外観の色合いは元の色をそのままに、内部は大幅に改装してポップな雰囲気に 2 パフェカドー 950円。レアチーズのモンブラン仕立てが中心のパフェ 3 カラフルな壁やモビールがおしゃれ。店頭ではクッキーの販売も行っている

和洋が入り混じるモダンな雰囲気

## 茶房ひし伊 ‖元町‖さぼうひしい

1921（大正10）年築の質屋の土蔵を改装したアンティークカフェ。質店時代には、石川啄木の妻・節子も利用したことがあるという。年代物の時計や金庫などが当時の雰囲気を静かに物語る。昭和初期の大火でも被害を受けなかったという黒漆喰の外壁が今も店の目印となっている。

☎0138-27-3300 ⌂函館市宝来町9-4 ⏰11:00～17:00 休水曜 Pあり 🚶市電宝来町からすぐ MAP付録① B-3

3

1

2

4

1 石造りの重厚感漂う外観 2 アンティークの大きな時計が目を引く 3 質屋の蔵をリノベーションした店内は当時の雰囲気そのままに、年代物の金庫などが置かれている。和風雑貨を販売するショップも併設 4 もちもちの白玉が入ったあずき白玉パフェ 900円

ヴィクトリアンローズ ティールームの店頭には現在でも使用できるレトロな電話が置かれています。もちろん通話もできますよ。

# レトロな港町で歴史的建造物と出会う

江戸時代末期に長崎、横浜とともに国際貿易港として開港した函館。
今日の美しい街並みには、鎖国を解き、異国文化がさかんに移入した背景があります。
歴史ある建造物をめぐり、当時に思いを馳せてみましょう。

1函館の観光拠点施設、函館市地域交流まちづくりセンター 2市立函館博物館郷土資料館(旧金森洋物店)の入口付近のモダンなあしらい 3市立函館博物館郷土資料館(旧金森洋物店)内の展示 4相馬株式会社は窓枠など、随所におしゃれな装飾が施されている 5ペパーミントグリーンの相馬株式会社と赤い市電の対比が美しい 6函館市地域交流まちづくりセンター内にある東北以北最古の手動式エレベーター

**函館には耐火建築物が多いんです**

幾度も大火に見舞われた函館ですが、旧金森洋物店は壁に漆喰を塗ることで1907（明治40）年の大火を免れ、その姿を今も残しています。

Since1923～

**大正12年、丸井今井呉服店函館支店として建てられた**

観光案内や地域情報の発信をしている

十字街のランドマーク

## 函館市地域交流まちづくりセンター

‖元町‖はこだてしちいきこうりゅうまちづくりセンター

大正時代に建てられたデパートを再利用した施設。各種観光パンフレットが充実しており散策前に立ち寄ると便利。スタッフの案内で1934（昭和9）年に設置された東北以北最古の手動式エレベーターに乗ることができる。

観光案内 ☎0138-22-9700 ⌂函館市末広町4-19 ⏱9:00～21:00 休無休（施設点検のため臨時休館あり） ¥無料 Pあり ‼市電十字街からすぐ MAP付録① B-2

Since1880～

**明治13年に建てられた旧金森洋物店を改修、資料館として公開**

もとは洋品小間物店。現在は明治時代の函館が体感できる資料館になっている

函館のハイカラ文化を学ぶ

## 市立函館博物館郷土資料館（旧金森洋物店）

‖元町‖しりつはこだてはくぶつかんきょうどしりょうかん（きゅうかねもりようぶつてん）

明治時代に造られた旧金森洋物店を利用した郷土資料館。函館に現存するレンガ造りの商家としては最古で北海道指定有形文化財。人気のジオラマのほか、創業者が海外で求めたスイス製のからくりオルゴールも展示。

歴史的建造物 ☎0138-23-3095 ⌂函館市末広町19-15 ⏱9:00～16:30（11～3月は～16:00） 休月曜、祝日、最終金曜 ¥100円 Pなし ‼市電末広町からすぐ MAP付録① B-2

Since1916～

**米穀商として創業した相馬商店が、大火後の大正5年に建てた**

基坂と電車通りの交差点にある。夜のライトアップも美しい

ルネサンス様式の商家建築

## 相馬株式会社

‖ベイエリア‖

そうまかぶしきがいしゃ

大正時代に建てられ、現在も社屋として使用されている伝統的建造物。鉄板葺きの屋根とドーマー窓を設けたルネサンス様式の商家建築で、玄関などの細かな意匠に和のテイストが加えられている。

歴史的建造物 ☎0138-23-5440（函館市観光案内所） ⌂函館市大町9-1 ⏱外観のみ見学可 Pなし ‼市電末広町からすぐ MAP付録① B-2

函館市地域交流まちづくりセンターの1階には、cafe DripDropと休憩コーナーがあります。

# 見ているだけで楽しくなる 元町で見つけたキュートな雑貨

**古い洋館や風情ある建物が並ぶ元町界隈。
ウィンドウに並ぶ愛らしい雑貨の数々に
思わず立ち止まってしまいます。**

### 北うさぎグッズが人気

成田粋子さんによる北うさぎのフエルトブローチ各880円。手づくりなのでどれも表情が違う

北うさぎ牛革のキーホルダー各1100円。普段使いにぴったりな3色展開

インパクトのあるフォトフレームののぞき猫5500円

### 店主こだわりの作品と空間

梅里進さんによる木工（ステンドグラス内蔵）の教会2200～6930円

大沼の川真田弘さんの天然藍を使った藍型絵染コースター、各1100円。歴史的建造物をモチーフにしている

佐藤国男さんの木彫時計11000円

## 元町日和館

もとまちひよりかん

1921（大正10）年築の函館市伝統的建造物を利用した雑貨店。動物をモチーフにしたかわいい手作り作品が豊富にそろう。なかでもクラフト作家・成田粋子さんの「北うさぎ」グッズは人気が高く、ウサギのほのぼのとした表情に癒される。

北うさぎグッズのほか、手づくり工芸品などオリジナル商品も販売

☎0138-27-2685
函館市元町10-13
10:00～16:00
休 月曜 P なし
市電末広町から徒歩5分 MAP 付録① B-2

## ギャラリー村岡

ギャラリーむらおか

函館や道内作家の作品を中心に、作家性の高い個性的な作品が並ぶギャラリー＆ショップ。玄関で靴を脱いで上がり、くつろいで作品を楽しむことができる。手頃な価格のグッズも多いので、センスの良いおみやげとして喜ばれそう。

アートな商品ほか、普段の暮らしの中で使える実用品も多くそろう

☎0138-27-2961
函館市元町2-7
10:00～19:00
休 水曜（祝日の場合は営業） P なし
市電末広町から徒歩5分 MAP 付録① B-3

**元町ガラス工房では手づくり体験も**

カラフルなガラスパーツを並べてキーホルダーや箸置き、ピアスやチョーカーを作ることができます。体験コースは2100円～。

### 伝統的建造物の店舗で手づくりガラス

種類が豊富な小さなガラス細工の人形。表情がかわいい。460円～

個性あふれるデザインのキーホルダー。各1620円

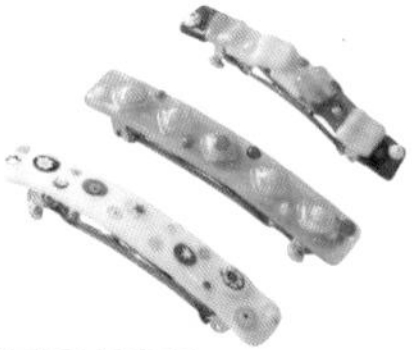

ヘアスタイルを彩るバレッタ。色合いも美しい。各2430円

### 函館とゆかりの深いロシアの雑貨を販売

花や木の実が鮮やかに彩られるウクライナのペトリキウカ塗りキーホルダー 3300円

ウッドバーニングで描かれたブルガリア産ダマスクローズフレグランス 1320円

やさしく甘い香りの紅茶函館SAMOVARプレミアムティー 1300円

## 元町ガラス工房

もとまちガラスこうぼう

ステンドグラスのランプやアクセサリーなど、オリジナルの繊細なガラス雑貨が店内を彩る。可憐な模様のヴェネチアンチャームはおみやげにもぴったり。店舗は1909(明治42)年に建てられた民家をリノベーションしたレトロな建物。

小物から手づくりグラスやステンドグラスまで、ガラス製品が並ぶ

☎0138-27-8836
住 函館市大町1-33
時 9:00～16:00（体験最終開始は14:30）
休 木曜（祝日の場合は営業） P なし
市電末広町から徒歩3分 MAP 付録① B-2

## ロシア・東欧雑貨 直輸入店 チャイカ

ロシアとうおうざっか ちょくゆにゅうてんチャイカ

ロシアや東欧の伝統的な雑貨を集めたショップ。人気のマトリョーシカやポーランド バスケットもそろえている。紅茶やお菓子などパッケージが素敵な品々は気軽なギフトにおすすめ。

ティーコーナーでは、ロシア風クランベリージュースや紅茶、お菓子が食べられる

☎0138-87-2098
住 函館市元町7-7
時 10:00～17:00
休 火曜、不定休 P あり
市電末広町から徒歩8分 MAP 付録① B-2

ギャラリー村岡で目をひくのが美しいステンドグラスの数々。江別市在住のステンドグラス作家・石戸谷準さんの作品です。

myことりっぷ

# 外国人墓地周辺の ノスタルジックな街並みを歩く

昔ながらの面影が残る閑静な住宅街・外国人墓地エリア。
異国の地で果てた人々の郷愁が感じられる墓地には
さまざまな様式の墓石が並び、異国の雰囲気にあふれています。

1 赤と白のコントラストが印象的な外観 2 裏庭から見る建物 3 旧ロシア領事館からの景色 4 屋根正面の合掌部が丸い山形の唐破風(からはふ)玄関 ※写真は改修工事前のもの

当時のロシアの権勢がうかがえる

## 旧ロシア領事館 きゅうロシアりょうじかん

1858(安政5)年に初代ロシア領事が着任し、ハリストス正教会敷地に領事館を建立。現在のレンガ造りの洋館は1908(明治41)年に建てられたもの。赤レンガに白い漆喰が映える和洋折衷の建物で、現在は改修工事中となっている(2025年3月オープン予定)。

歴史的建造物 ☎0138-23-5440(函館市観光案内所)
住所 函館市船見町17-3 時間 見学自由(外観のみ) P なし 交通 市電大町から徒歩15分 MAP 付録① A-2

1 美しい海岸線が一望できる 2 中華山荘はレンガ塀に囲まれた中国人墓地 3 中華山荘以外は立入禁止のため柵越しの見学

ロシア人墓地には
かまぼこ型の
墓石が多いです

函館湾を望む高台にある夕陽の名所

## 外国人墓地 がいこくじんぼち

ペリー提督来航時に乗り込んでいた水兵2名を埋葬したのが始まりの墓地で、1870(明治3)年、正式に外国人墓地として定められた。プロテスタント墓地、ロシア人墓地、中国人墓地などがあり、さまざまな宗教、国の人が眠る。函館港内を一望できるポイントにもなっている。

墓 ☎0138-23-5440(函館市観光案内所)
住所 函館市船見町23 時間 見学自由 P なし 交通 市電函館どつく前から徒歩15分 MAP 付録① A-2

**散策前にカフェでチェック**

外国人墓地にはさまざまな背景を持った墓碑があります。カフェテリア・モーリエには詳細な散策マップや資料が置かれています。

### 外国人墓地の中にある風光明媚なカフェ

## カフェテリア・モーリエ

大きな窓いっぱいに広がる函館湾を眺めながらくつろげる。映画のロケ地としても使用されており、地元でも人気のカフェ。カフェメニューのほか壺焼ききのこパイ1600円（単品）や、ピロシキドリンクセット970円なども人気。

カフェ ☎0138-22-4190 函館市船見町23-1 3～12月、11:00～18:00 休 期間中月・火・水曜 P なし 市電函館どつく前から徒歩15分 MAP 付録① A-2

1 6月には真正面に沈む夕日を眺められる 2 ロシアンティー(ジャム付き)500円。優雅なティータイムを 3 目をひく白壁の建物

1 一際目をひくレトロなピンク色の建物 2 冬、薄暮の外観。おとぎ話に出てきそう

### 薄ピンクの外観がかわいい建築物

## 大正湯《たいしょうゆ》

1914(大正3)年に創業、1928(昭和3)年に建て替えられたレトロ感溢れる銭湯。2022年8月に閉店となった。函館市の景観形成指定建築物に指定されている。外壁がピンク色でかわいらしい和洋折衷の建物は、映画のロケにも使われた。MAP 付録① A-1

**こんな風景もステキです**

魚群を発見するのに適していた魚見坂

旧ロシア領事館に続く幸坂

大正湯の屋根はハイカラな意匠

眼下に函館湾が見えるプロテスタント墓地

# 赤レンガ倉庫群を見ながら ベイエリアをぐるっとおさんぽ

港の岸壁に沿って建ち並ぶ赤レンガ倉庫群は、
旅情気分をかきたてられるおしゃれなエリア。
個性豊かなお店がそろうショッピングゾーンでもあります。

1

2

3

1屋号についている記号は曲尺(かねじゃく)。律儀でまっすぐ、商売に駆け引き不要の意味がある 2新鮮生ビールが味わえる函館ビヤホール 3函館洋菓子スナッフルスP.74のカフェもある

### 函館らしいユニークなショップが勢ぞろい
## 金森赤レンガ倉庫 かねもりあかレンガそうこ

明治末期、北洋漁業全盛期に活躍した倉庫を利用したショッピングモール。歴史を感じさせる雰囲気で、ビヤホールやカフェ、チャペルなどがある。

ショッピングモール ☎0138-27-5530(インフォメーション) 住函館市末広町14-12 時9:30～19:00 休無休 Pあり 交市電十字街から徒歩5分 MAP付録① C-4

### 海を眺めながらひと休み
## 函館西波止場 はこだてにしはとば

ウォーターフロントを象徴する複合商業施設で、赤レンガ倉庫群の向かいに建つ。広々とした店内には、みやげもの店、カフェ、飲食店などの人気ショップがあり、どの店舗からも美しい港が眺められる。ウッディな外観が特徴。

ショッピングモール ☎0138-24-8108 住函館市末広町24-6 時店舗により異なる 休無休 Pあり 交市電十字街から徒歩5分 MAP付録① C-4

海鮮商品が豊富に並ぶ

港町の雰囲気が漂う複合施設

1

2

4

1レトロで函館らしい雰囲気 2思い出を残すメモリアルハウス 3店の前には現役の昔ながらのポストも 4ツタがからまる赤レンガの建物

### 心ときめくガラス製品や雑貨がいっぱい
## はこだて明治館 はこだてめいじかん

3

1911(明治44)年に建てられた旧函館郵便局を利用したみやげもの屋。館内にはガラス製品やオルゴール、雑貨などが豊富に並ぶほか、工房やミュージアムなど見どころも充実している。

みやげもの屋 ☎0138-27-7070 住函館市豊川町11-17 時10:00～17:00 休水曜、第2木曜 Pあり 交市電十字街から徒歩5分 MAP付録① C-4

ぐるっと回って **4時間**

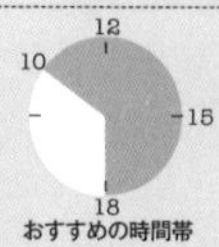

おすすめの時間帯

市電十字街から徒歩5分程度の場所に広がるベイエリア。赤レンガ倉庫群は、金森ホール、函館ヒストリープラザ、金森洋物館、BAYはこだての順に並んでいます。館内で手に入るパンフレットを見ながら効率的にまわってお気に入りを探しましょう。ラストはクルージングで。

**金森赤レンガ倉庫の歴史**

1869（明治2）年、渡邉熊四郎が金森洋物店を開業したのが始まり。金森洋物館内に、その歴史がわかる展示があります。

店内には函館の特産品がいっぱい

北海道の味覚がそろう

## はこだて海鮮市場本店

はこだてかいせんいちばほんてん

海産物のほか、北海道銘菓や乳製品などが勢ぞろい。水揚げされたばかりの魚介が並ぶ鮮魚コーナーやイートインコーナーも。

函館いかめし
918円

みやげもの屋 ☎0138-22-5656
住所 函館市豊川町12-12 時間 9:00～18:00（季節により変動あり） 休 無休
P あり 徒歩 市電十字街から徒歩5分
MAP 付録① C-4

地元の人気店が集まる

## 函館ベイ美食倶楽部

はこだてベイびしょくくらぶ

赤レンガを配した和風建築・蔵・洋館など、計4棟の建物で構成される集合飲食施設。ラーメン、寿司、ジンギスカンなど函館グルメが味わえる店舗が集まる。ランチや夕食に地元ならではの味を楽しんで。

集合飲食施設 ☎店舗により異なる 住所 函館市豊川町12-7
時間 店舗により異なる 休 店舗により異なる（一斉休業はなし）
P あり 徒歩 市電十字街から徒歩5分
MAP 付録① C-4

港町・函館に似合うやぐらが目印（きくよ食堂 ベイエリア店は閉店）

船上からは函館山や元町の教会、洋館も見える

白い船体は、海に浮かぶ月をモチーフにしている

200人が乗れる大型船

## 函館ベイクルーズ・ブルームーン

はこだてベイクルーズブルームーン

ウォーターフロント開発の一環として進められた函館初の本格的ベイクルーズ。海上から眺める街並みは、函館山からとはまた違った魅力があり、約30分間の海の散歩が楽しめる。運がよければイルカに出会えるかも。出航時間は出かける前に確認が必要。

ベイクルーズ ☎0138-26-6161 住所 函館市末広町14-17 時間 4～10月、10:30～18:00（時期により異なる） 休 期間中荒天時
¥ 2200円 P あり 徒歩 市電十字街から徒歩5分 MAP 付録① C-4

金森洋物館にあるサンタ郵便局から手紙を出すと、サンタの消印を押してくれるそうです。

# ベイエリアのレトロカフェでゆったり流れる時間を楽しみます

モダンなデザインがそこかしこに見られる
古い商家や店舗をリノベーションしたカフェ。
ハイカラな時代を思いながらお茶とスイーツを。

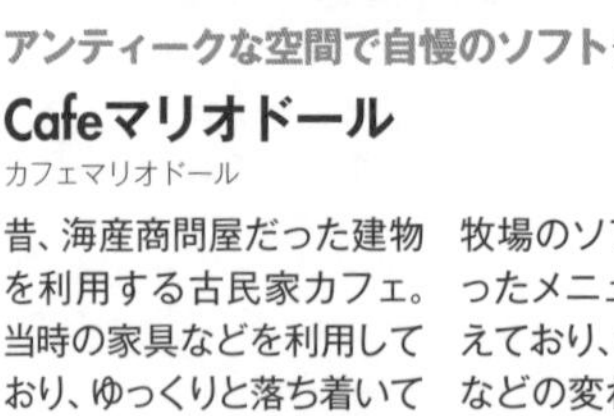


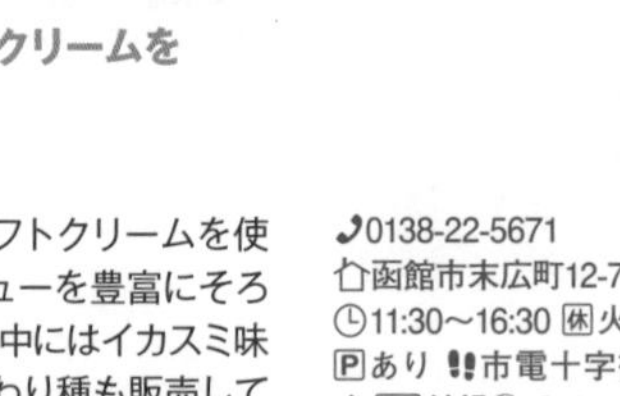


1 1935（昭和10）年築。アンティークな雰囲気の店内が特徴 2 モカシフォンケーキにミックスソフトが付く。ケーキセット1100円 3 ソフトクリームメニューは種類豊富 4 建物の1階部分を店舗として利用している 5 古い物を大事に活用しており、店内にはねじ巻き式の時計がある 6 ソフトクリームセット950円

### アンティークな空間で自慢のソフトクリームを

## Cafeマリオドール

カフェマリオドール

昔、海産商問屋だった建物を利用する古民家カフェ。当時の家具などを利用しており、ゆっくりと落ち着いてくつろぐことができる雰囲気が心地よい。大沼・山川牧場のソフトクリームを使ったメニューを豊富にそろえており、中にはイカスミ味などの変わり種も販売している。観光途中の休憩に立ち寄ってみたいお店。

☎0138-22-5671
⌂函館市末広町12-7
🕒11:30～16:30 休 火曜
P あり 🚶市電十字街からすぐ MAP 付録① C-4

**大正ロマンあふれるカフェ**

茶房 旧茶屋亭の建物は、明治末期の海産商の店舗兼居宅の店舗部分。典型的な和洋折衷建築物として函館市の伝統的建造物に指定されました。

1大正ロマン漂う店内 2好きな抹茶茶碗を選んで楽しめる（混雑時不可）上抹茶セット1230円 3店内にはかわいい小物がいっぱい

### ノスタルジックな店内で手作り甘味を味わう

## 茶房 旧茶屋亭

さぼうきゅうちゃやてい

明治末期に建てられた商家を利用した喫茶店。味はもちろん、接客や食器のデザインにもこだわりを持つ。アンティーク家具やレトロでおしゃれな小物などが配された店内でゆっくりとくつろげる。

☎0138-22-4418
函館市末広町14-28
11:30〜17:00
休 火・木曜 P あり
市電十字街からすぐ
MAP 付録① C-4

### シックなムードのカフェレストラン

## MOSSTREES

モストゥリー

明治時代に建てられた古い船具店を利用した、地元の女性に人気のカフェレストラン。レトロなレコードや電話機が並ぶ店内では、ボリューム満点のパフェやハンバーグなどが味わえる。

☎0138-27-0079
函館市大町9-15
11:45〜14:00、17:30〜22:00
（土・日曜は11:45〜22:00）
休 月曜 P あり
市電末広町から徒歩3分
MAP 付録① B-2

1 2 1910（明治43）年建築の船具店だった2階建ての木造建築。店内は木のぬくもりあふれる空間
3手作りスイーツも自慢のひとつ。パフェは700円〜、ヨーグルトジュースラズベリー 550円。ランチは1100円で、夜でも1700円前後で楽しめるのが魅力

MOSSTREESの近くには同志社大学を創立した新島襄が海外へ旅立ったという、新島襄海外渡航の地碑があります。

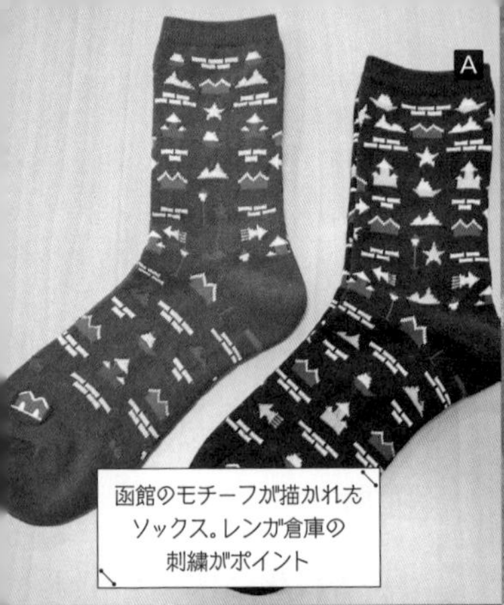

函館のモチーフが描かれた
ソックス。レンガ倉庫の
刺繍がポイント

イカや倉庫の
イラストが函館らしい。
触り心地もとってもグッド

落ちついた色合いで
普段使いのしやすい
トートバッグ

赤レンガ倉庫を訪れた記念に。
海と倉庫のイメージを再現

## 大人の女心をくすぐる

# 金森
# 赤レンガ倉庫で
# お買い物

**金森赤レンガ倉庫には、地元の作家によるオリジナルグッズや、かわいい雑貨がたくさんあります。ここでしか手に入らないものも多いので、じっくりお買い物を楽しみましょう。**

ねこ耳や肉球が愛らしい
ねこ玉シリーズ

A函館れんがソックス、ネイビー（紳士用）25〜27センチ1100円、レッド（婦人用）23〜25センチ1100円〈にっぽんCHACHACHA函館ストア〉 B赤レンガ親子がまぐち各3190円〈にっぽんCHACHACHA函館ストア〉 C函館ハンカチ各770円〈にっぽんCHACHACHA函館ストア〉 DTシャツ各種 サイズS〜XL3500円〜〈烏賊墨染工房 シングラーズ〉 Eトートバッグ各種（3色）3200円〈烏賊墨染工房 シングラーズ〉
Fねこ玉シリーズ、ペンダント1210円、ピアス1430円、ブレスレット2420円〈函館浪漫館〉 Gシマウマストール16500円〈OZIO handBAY〉

北海道を象徴する
シマエナガなどの柄の
Tシャツ

シマウマモチーフの
大判ストール。個性的な
おしゃれを楽しみたい方へ

H アザラシミニバケツバッグ25300円〈OZIO handBAY〉 I ねこ型フラワーベース、Sサイズ1650円、Lサイズ2200円〈函館浪漫館〉 J ガラスペン2530円〈函館浪漫館〉 K ブックカバーフクロウ11000円、カードケースシマウマ13200円、ICカードケースキリン13200円〈OZIO handBAY〉 L カブセフタ リュック53900円〈手作り鞄の専門店 水芭蕉函館店〉 M コードバン、しおり1650円、ネームタグ(小)1980円、(大)2420円〈手作り鞄の専門店 水芭蕉函館店〉 N 2つ折財布14300円、カード小銭入れ3080円〈手作り鞄の専門店 水芭蕉函館店〉

## 金森赤レンガ倉庫

かねもりあかレンガそうこ P.28

**●にっぽんCHACHACHA函館ストア**
0138-23-2822 金森洋物館内
MAP 付録① C-4

**●OZIO handBAY**
090-2816-5511 BAYはこだて内
MAP 付録① C-4

**●烏賊墨染工房 シングラーズ**
0138-27-5555 BAYはこだて内
MAP 付録① C-4

**●函館浪漫館**
0138-24-8811 函館ヒストリープラザ内 MAP 付録① C-4

**●手作り鞄の専門店 水芭蕉函館店**
0138-23-4040 金森洋物館内
MAP 付録① C-4

# 酒の肴やごはんのおかずなど<br>海産物なら海鮮市場がつぶぞろい

**ごはんがすすむ、お酒が引き立つ、**
**そんな海産物の加工品を中心におみやげをチョイス。**
**家族やお酒好きの友人、日頃お世話になっている方にもいかがですか？**

### 函館の名物<br>イカのおいしさがギュッ

**いかめし 918円／**
ふっくらと炊き上がったイカの中に、旨みが染みたもち米がぎっしり

### イカの歯ごたえがクセになる函館ご当地グルメ

**函館いかそうめん 1620円（三人前）／**
函館前浜産の釣りたての真イカを素早く加工。新鮮なイカの美味しさがそのまま楽しめる

### シンプルなパッケージがおしゃれな瓶入り塩辛

**いか塩辛 120g 810円／**
塩辛づくりの伝統と技術が生きた定番のイカ塩辛。パスタなどのアレンジ料理にも

### スタンダードとの<br>食べ比べもしてみたい

**一夜干いか塩辛 120g 1026円／**
一夜干ししたイカを使用することでイカの旨味をより一層引き立てた一品

### 函館の冬の味覚が<br>きびだんごに

**ごっこ箱館きびだんご 540円／**
北海道銘菓のきびだんごがマルカツグループオリジナルごっこちゃんパッケージで新登場。一口サイズで食べやすく、おみやげにもぴったり

### 海鮮の旨味を楽しむ<br>限定ラーメン

**海鮮市場限定ラーメン 1620円／**
上品な旨味広がる帆立塩味と、かにの風味たっぷりのかに風味味噌の2つの味

### 素材が生きるしゃぶしゃぶを<br>北海道近海産のタコで

**北海たこしゃぶ 1296円（140g）／**
お湯にさっとくぐらせて新鮮なタコの旨味を噛みしめて。付属のポン酢たれでどうぞ

### お茶漬けや<br>お弁当にぴったり

**焼鮭ほぐし 702円／**
焼いた鮭をぜいたくにほぐした一品。身をしっかり実感でき、ごはんがすすむ

### ふんわりぷりぷり<br>ロングセラーの名品

**いかしゅうまい　1296円（8個入り）／**
北海道産の真イカのやわらかい身の部分だけを贅沢に使い上品な味に仕上げる

**焼きたてパンもありますよ**

ベイエリアに位置した魚屋直営総合マーケットのはこだて海鮮市場本店。海鮮のみならず、焼きたてパンや手作りケーキも買えるようになりました。

### ピリッとした辛さに食がそそられる

**つぶ塩辛 1188円(290g)／**
コリコリの食感がおいしいツブを明太味の塩辛に。海の街ならではの組み合わせ

### 4つの味の食べ切りサイズ

**おもてなし 1566円(4個入り)／**
いか塩辛、数の子うに、松前漬、いかうに和えの、4つの味が楽しめる

### 芳醇な香りがイカのやわらかさとマッチ

**いか粕漬 2916円(3尾入り)／**
創業以来60余年の伝統技術を生かし、独自の製法で加工。お惣菜にお酒の肴に

### ごはんのおかず、お酒のつまみにも

**いか粕漬わさび味 2916円(3尾入り)／**
函館産真イカを使用。胴の部分に足を詰めて、わさび味の酒粕に漬け込んだ一品

### 北海道ブランドの昆布を料理好きのあの人に

**日高昆布 882円／**
家庭用だし昆布として広く用いられる。上質なだし昆布が料理をワンランクアップ

### 数の子、イカ、昆布を醤油たれで熟成

**松前漬 788円(300g)／**
松前漬けは北海道唯一の城下町、道南松前町の郷土料理。糸を引く粘りがおいしさのもと

こちらもおいしそう…

**すべてここで買えます**

## はこだて海鮮市場本店

P.29

海産物に加え、チーズやバターなど北海道産の乳製品がそろっています。

**トラピストバター 200g 1329円／**
トラピスト修道院で作られている。乳酸菌で発酵しており、まろやかでコクのある風味が特徴。

**花畑牧場十勝カチョカヴァロ 80g 700円／**
カットして両面をこんがり焼いて食べるのがおすすめ。

**北海道おつまみチーズ 918円(12個入り)／**
北海道産生乳100%で作られた贅沢なチーズ。

店内に屋台風の休憩コーナーがあり、焼き立てのホタテやカニ汁、イカめしなどの軽食を味わうことができます。

# 地元作家のクラフトを旅の想い出に

**美しい街並み、穏やかで住み心地のよい街・函館。
多くのクラフト作家が集まるこの地で、
思い出に残る雑貨、いつまでも大切にしたいアイテムを探してみましょう。**

### 函館らしいおしゃれな雑貨たち

## はこだて工芸舎

‖元町‖はこだてこうげいしゃ

道内を中心に全国の工芸家の作品を展示・販売する工芸ギャラリー。陶芸体験教室の開催や、全国のクラフト作家による企画展も実施している。陶芸品を中心にガラス工芸品や木工品も並ぶ。

☎0138-22-7706
函館市末広町8-8
10:00～18:00 休無休
Pあり 市電十字街からすぐ
MAP付録① B-2

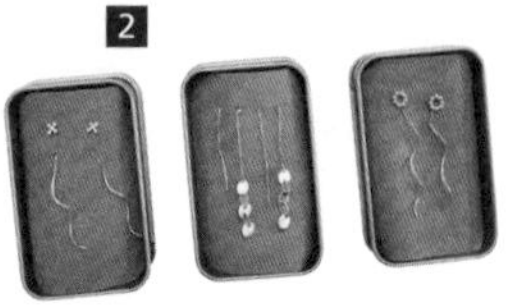

1手づくりのぬくもりが伝わる花絵マグカップ各6050円 2函館の作家が作るシルバーのピアス・イヤリング4400円～ 3それぞれ形が異なる小さな一輪挿し各2750円 4大正ロマンあふれる店内 5はこだて工芸舎スタッフが作る羊の置物1650円～

1インテリアとしてもぴったりなアロマサシェ 1400円～ 2人気のジェルランタン3500円～ 3オリジナルのキャンドルを作るワークショップも実施している 4函館夜景キャンドル2500円～

### 心にアカリを灯すキャンドルを

## 710candle

‖谷地頭‖なないちまるキャンドル

ジェルやボタニカルなどの多彩なキャンドルやアロマサシェなどを販売。身近にある材料やテーマにこだわり制作している。商品は一点ものも多く、一期一会の自分だけのキャンドルを見つけることができる。

☎0138-76-1123 函館市谷地頭25-16
12:00～16:00(変動あり。詳細はインスタグラムで確認を。ワークショップは予約制で日時応相談) 休不定休 Pあり
市電谷地頭からすぐ MAP付録① B-4

**陶芸体験ができます**

旅の記念に手づくり体験をしてみましょう。はこだて工芸舎では2時間程度で陶芸体験ができます。2名から受付で1人4000円。事前に問い合わせを。

### アニマルペイントや発色が美しいレザーアート

## OZIO

‖元町‖オジオ

函館市生まれの鞄作家・永嶺康紀氏が創作するレザーアートを展示・販売。革の美しさを生かしたデザインと色彩のアイテムがそろう。手作業で生み出されるバッグには街並みや動物の表情がハンドペイントされ、その独自の作風に魅了されるファンが多い。

☎0138-23-1773 ⌂函館市元町29-14 ⏲10:00～19:00 休無休 Pあり 🚶市電十字街から徒歩5分 MAP付録① B-2

1

2

3

4

5

1心のこもった作品が展示・販売されている 2革にインクで刷り上げ縫製したトートバッグ61600円 3カードケース13200円はシマウマやクジラなども 4シロクマTシャツ4730円 5オーダーの相談もできる

1
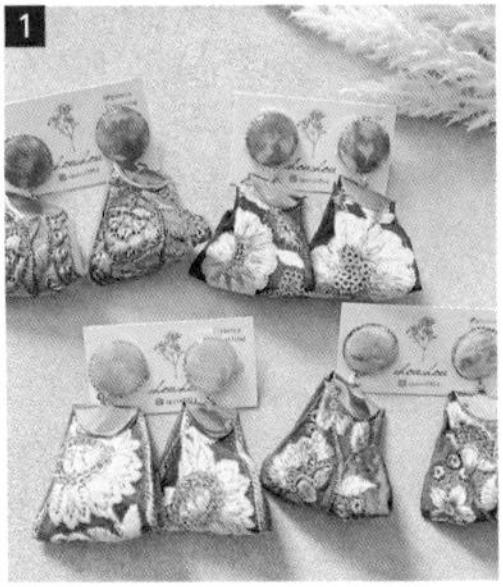

2

3

4

5

### 函館のハンドメイド作家の作品が並ぶ

## studio_b

‖日吉‖スタジオビー

函館や近郊のハンドメイド作家の個性あふれる作品を取り扱っている雑貨店。店内には、ていねいに作られた1点もののアクセサリーやぬいぐるみが並び、楽しさいっぱい。連れていきたいお気に入りを探して。

☎090-5981-4748 ⌂函館市日吉町3-16-1 ⏲10:00～18:00 休火・水曜 Pあり 🚶バス停ポリテクセンター前からすぐ MAP付録② C-1

6

1インド刺繍リボンのピアス chouchou作各2500円
2きのこキーホルダー ばあばれーす作 660円
3店内の様子
4リバティ生地を使ったポケットティッシュの入るミニポーチ greenplace作各1300円
5羊毛フェルトのシマエナガ studio_b作1800円
6クマとリボンのピアスとイヤリング shirokuma作各1800円

# 函館山からの夜景、ライトアップされた街
# 函館の夜はロマンチックに輝きます

色とりどりの宝石をちりばめたかのような函館山からの夜景。
街角に浮かび上がる美しいフォルムの建築物。
函館の夜は、カメラ片手に散策しましょう。

山頂まではこう行きます

山頂まで一気に運んでくれる

## 函館山ロープウェイ

‖元町‖はこだてやまロープウェイ

125人乗りのロープウェイが通常15分間隔で運行。混雑時は5分間隔に。山麓駅から山頂駅まで約3分で到着。

☎0138-23-3105（運転状況問い合わせは☎0138-23-6288）🕒10:00～22:00（10月1日～4月19日は～21:00）休無休（毎秋整備点検運休あり。期間要問い合わせ）¥1800円（往復）Pなし（近隣に有料駐車場あり）‼市電十字街から函館山ロープウェイ山麓駅まで徒歩10分 MAP付録① B-3

眼下に広がるキラメキの風景

## 函館山山頂展望台

‖元町‖はこだてやまさんちょうてんぼうだい

函館市街の夜景を観賞することができる展望台。屋内には、夜景を独り占めしながら食事を楽しめるレストランやみやげ店がある。

☎0138-27-3130 🕒10:00～22:00（10月1日～4月19日は～21:00）休無休 ¥無料 Pあり※使用規制あり ‼函館山ロープウェイ山頂駅からすぐ MAP付録① A-3

### 函館山夜景のハート伝説

函館山から街の灯りを見ていると、「ハート」の文字が浮かび上がるそうです。ハートを見つけたら「恋が実るかも」と言われています。

## ライトアップスポットをおさんぽ

### 1 金森赤レンガ倉庫

‖ベイエリア‖かねもりあかレンガそうこ

倉庫の正面は函館港。水面にゆらめく灯りとライトアップされた倉庫で、辺り一帯がロマンチックに。 P.28

### 2 函館聖ヨハネ教会

‖元町‖はこだてせいヨハネきょうかい

チャチャ登り沿いに建つ教会。白壁に刻まれた十字架と四方に突き出た茶色の屋根が浮かび上がる様が神秘的。 P.17

### 3 八幡坂

‖元町‖はちまんざか

並木道と海のコントラストが爽やかな昼と比べ、夜は数々の街灯や港の灯りでヨーロッパの絵画のような趣に。 P.16

### 4 カトリック元町教会

‖元町‖カトリックもとまちきょうかい

元町の大三坂にある、ゴシック様式のローマカトリック教会。街灯が照らす六角屋根、大鐘楼、屋根の上の雄鶏が印象的。 P.17

### 5 函館市旧イギリス領事館

‖元町‖はこだてしきゅうイギリスりょうじかん

度重なる火災のあと、1913(大正2)年に現在地に再建した建物。ライトアップにより白壁と窓枠のブルーが美しさを増す。 P.19

建物のライトアップの点灯はおおむね日没から22時までです。

# ホテルのカフェやバーで優雅なひとときを過ごす

**函館のホテルには上品な雰囲気を楽しめるお店があります。
宿泊せずとも利用ができるおしゃれなカフェやバーで
日常から切り離された素敵な思い出をつくりましょう。**

## モダンなカフェでアフタヌーンティーを

### VMG CAFE ‖ベイエリア‖ブイエムジーカフェ

これまで活用されていなかった倉庫建築を再生して誕生した「NIPPONIA HOTEL 函館港町」内にあるレトロな雰囲気のカフェ。3ヵ月おきにメニューが変わるアフタヌーンティーは、季節のフルーツや道産の食材を使用しており女性に人気。優雅で特別なティータイムを過ごすことができる。

カフェ ☎0120-210-289(VMG総合窓口)
⌂函館市豊川町11-8 NIPPONIA HOTEL 函館港町1F
🕒10:30～16:00 休 不定休
P なし 👣市電十字街から徒歩4分 MAP 付録① C-4

1 苺のアフタヌーンティーセット(期間限定)3500円。春苺スイーツ&セイボリーなど12種+Mighty Leaf teaの紅茶がお替わり自由 2 港町のボリュームサーモンサンド2160円 3 赤レンガ造りの歴史建築を修復したレトロなダイニング 4 函館港のすぐそばで歴史地区に溶け込むように建つホテル

**世界三大夜景のほか2つの魅力は？**

イタリアのナポリは古い街並みと港に風情があり、香港は天に向かってそびえる多くのビルによる近代的な夜景。違った魅力があります。

夜景を映す窓がスクリーンのよう

## 夜景バー エステラード ‖函館駅周辺‖やけいバーエステラード

函館駅前にあるプレミアホテル-CABIN PRESIDENT-函館の最上階にあるバー。カウンター席からは、大きな窓越しに広がる函館山や元町界隈の夜景を楽しむことができる。カクテルの種類も豊富で、特にオリジナルカクテルは色鮮やかで女性でも飲みやすいと評判。

バー 0138-22-0111（プレミアホテル-CABIN PRESIDENT-函館）函館市若松町14-10 プレミアホテル-CABIN PRESIDENT-函館13F 17:30〜22:30 休日・月曜 Pあり JR函館駅からすぐ MAP付録① C-1

1ホテルの13階から眺める景色はきらめく夜空をさんぽする気分 2女性に人気のオリジナルカクテル1500円〜、ショットウィスキー 1200円〜

1どこの席からでも夜景を眺めることができ、ロマンチックな時を過ごせる 2アッサンブラージュ（左）1500円とラビスタスリング1300円（すべて税別）

函館山とベイエリアの夜景を一望

## シェリーズ・バー ‖ベイエリア‖

ホテル・ラビスタ函館ベイP.46の12階にあるバー。函館山を正面にベイエリアの夜景を楽しみながらおしゃれな時間を過ごせる。各種カクテルのほか40種類のスコッチウイスキーもそろっており、自家製ピクルスや自家製ピザなど、アラカルトも充実している。

バー 0138-23-6111（ラビスタ函館ベイ）函館市豊川町12-6 ラビスタ函館ベイ12F 20:00〜翌0:30 休無休 Pあり 市電魚市場通から徒歩5分 MAP付録① C-4

函館港を望むシックなバー

## ル・モン・ガギュー ‖函館駅周辺‖

函館国際ホテル西館8階にある落ち着いた雰囲気のバーラウンジ。照明をぐっと落としたムーディーな店内は、テーブル席のどこからでも、ライトアップされた青函連絡船記念館摩周丸や幻想的な函館港の夜景が見渡せる。バーのみの利用も可能。（チャージ料なし）

バー 0138-23-8757 函館市大手町5-10 函館国際ホテル西館8F 20:00〜23:30 休無休
Pあり JR函館駅から徒歩8分 MAP付録① B-2

1窓一面に函館港の夜景が広がる。中央に見えているのが、ライトアップされた青函連絡船記念館摩周丸 2オリジナルカクテルや季節限定ドリンクが人気。1050円〜

# 新鮮な魚介が一堂に市場で旬をお買い物

新鮮な魚介や地場産の野菜、そして人が集まる市場。
おさんぽ気分で楽しみながら、旬の味を買って家に送るもよし、
食堂でごはんもよし。市場ならではの軽食もありますよ。

ぐるっと回って **2時間**

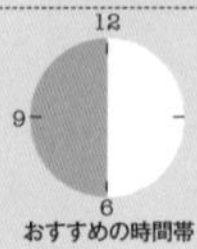

おすすめの時間帯

250軒もの店が並ぶ函館朝市には、魚介や野菜、菓子などなんでもそろいます。各店の値段を比べたり、掘り出し物を探したり、じっくり時間をとって買い物をするのがおすすめ。人気のイカ釣りもぜひ体験してみて。

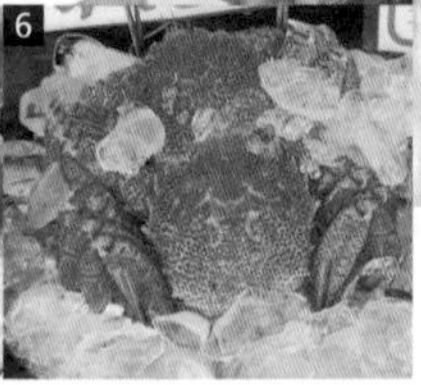

1活気にあふれた市場内 2函館朝市ひろばなら、天気が悪くても買い物が楽しめる 3フードコートでひと休み 4獲れたてのイカが並ぶ 5イクラも気軽に試食できる 6複数の海産物がセットになった商品も

新旧の風情が混ざり合う大規模市場

## 函館朝市 はこだてあさいち

1945（昭和20）年に、近隣町村の農家が野菜や果物を持ち込み、函館駅前で立ち売りを始めたのがルーツ。敷地内には、フードコートもある「函館朝市ひろば」、活イカ釣堀や食堂が入った「函館朝市えきに市場」などがある。ぜひ朝早く出かけて、かけ声が飛び交う朝市の雰囲気を楽しんで。生鮮品は送ってもらうと便利。

☎0138-22-7981（函館朝市協同組合連合会）住函館市若松町9-19 ⏰5:00～14:00すぎ（冬期は6:00～、一部店舗除く）休店舗により異なる Pあり 🚶JR函館駅からすぐ MAP付録① C-1 ●発送可

### 散策のポイントいろいろ

**早起きして出かけましょう**

函館漁港で水揚げされた魚介が直送。市場は早いほど活気があります。

**自分でイカ釣りもできます**

えきに市場に活イカ釣堀あり。イカ刺しにしてすぐに食べられます。イカ釣は時価で500～1700円。

**小腹がすいたら**

「カニまん茶屋」などで販売のかにまん450円はズワイガニたっぷりの本格中華まん。

### 活イカの上手な買い方

イカの表面をよく見て、動いていれば鮮度がいい証拠。新鮮なイカは全体に透明感があり、吸盤を触ると吸い付いてくるそうです。

80年の歴史を誇る函館市民の台所

## 中島廉売 ‖五稜郭周辺‖ なかじまれんばい

1934（昭和9）年の大火後に露店が集ったのが始まり。現在は、露店を含む約70軒が並び、昭和の雰囲気を色濃く残している。バラエティあふれる店が軒を連ね、店員さんとの会話を楽しみながら買い物ができるのも魅力。

☎0138-83-1127 ⌂函館市中島町25-18（中島町商店街振興組合事務局）🕒10:00〜18:00（店舗により異なる）休日曜（店舗により異なる）Pあり 👣市電堀川町からすぐ MAP付録② B-2

1 魚通りと呼ばれる通りの両側には鮮魚店がビッシリ並ぶ 2 大通り、仲通り、魚通りの3つのゾーンに分かれている 3 玉村カニ店では毛がにを1尾1500円ほどから販売

1 活気あふれる館内 2 活イカ釣り堀があり、釣ったイカは刺身にしてくれる 3 はこだて自由市場で購入した魚介を焼いて食べられる有料の炭火焼コーナー（9:00〜13:00）では、ご飯やおみそ汁の販売も

専門性の高い店がそろう市民御用達の買い物市場

## はこだて自由市場 ‖函館駅周辺‖ はこだてじゆういちば

鮮魚や乾物など日々の食卓を飾る生鮮品を扱う店が軒を連ねる市場。魚介の品ぞろえがとくに豊富で、市民はもちろん、プロの料理人が仕入れに来る市場としても有名。夏にはアスパラやトウモロコシといった農産物も並ぶ。

☎0138-27-2200 ⌂函館市新川町1-2 🕒7:00〜17:00頃 休日曜 Pあり 👣JR函館駅から徒歩10分 MAP付録① C-1

市場グルメ

中島廉売から徒歩3分、大通りに面して建つ

## シゲちゃんすし

立ち食いと持ち帰り専門の寿司店。職人歴30年以上の店主が握る寿司を気軽に食べられる。

☎0138-51-0339 ⌂函館市中島町14-10 🕒11:30〜19:30（ネタがなくなり次第終了）休月曜（祝日の場合は翌日休）Pあり 👣市電堀川町からすぐ MAP付録② B-2

ランチ限定の寿司盛968円。テイクアウトは950円

市場グルメ

市場内にある各種海鮮丼がそろう店

## 市場亭 いちばてい

注文後に、魚介を市場へ買いに行くので鮮度抜群。好みの魚介を選べるトッピング丼もおすすめ。

☎0138-22-1236 🕒7:00〜15:00 休日・月曜 MAP付録① C-1

海鮮ミニ三色丼3000円など函館らしいメニューがそろう

はこだて自由市場には、いかにも「地元です」という感じのサンダル履きの人がけっこういますよ。

# 星形が印象的な五稜郭 歴史を感じながら散策します

幕末に激動の歴史の舞台となった五稜郭。
現在は緑あふれるのどかな公園になっています。
タワーで全景を見た後は歴史にふれてみましょう。

ぐるっと回って

**3時間**

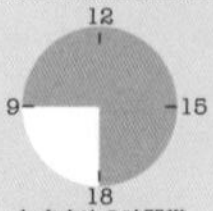

おすすめの時間帯

まず五稜郭タワーの展望台に行き、景色や歴史回廊をじっくり見てからアトリウムで休憩。五稜郭公園内には激戦の名残が見られ、時間が許す限り散策したいスポットです。

星形の西洋式城郭

## 五稜郭公園（特別史跡 五稜郭跡）

ごりょうかくこうえん
（とくべつしせきごりょうかくあと）

箱館開港にあたり、外国船に対する防衛拠点として1864（元治元）年に完成した、1辺が約300メートルの星形の城郭。現在は公園として一般公開され、四季折々に美しい景色が眺められる。

公園・史跡 ☎0138-31-5505（五稜郭公園管理事務所）⌂函館市五稜郭町44 ⏰5:00～19:00（11～3月は～18:00）休無休 ¥無料 Ⓟなし 市電五稜郭公園前から徒歩15分 MAP付録③ C-1

1 4月末頃、桜が満開の星形城郭 2 春には桜がアーチのようになる遊歩道 3 冬の雪におおわれた五稜郭

むらさき色がきれい…

初夏には石垣の間に藤の花のトンネルができる

五稜郭公園内にあります

2010年、古文書や絵図・写真などをもとに復元

江戸幕府の役所を復元

## 箱館奉行所 はこだてぶぎょうしょ

幕末の蝦夷地統治の中心的役割を果たしていた役所。箱館戦争の際には榎本武揚、土方歳三ら旧幕府脱走軍の本拠地にもなった。

奉行所 ☎0138-51-2864 ⏰9:00～17:45（11～3月は～16:45、1月2～3日は～14:45）休無休（臨時休館あり）¥500円 Ⓟなし MAP付録③ C-1

72畳の大広間は公式行事が行われた最も格式の高い場所

**名店のカレーが食べられます**

五稜郭タワーの2階には飲食店街があります。函館の老舗・五島軒のカレー専門店「レストラン五島軒 函館EXPRESS」が人気です。

1五稜郭タワーは徹底して五稜郭と星形をモチーフとしており、展望台は五角形、塔体の断面も星形を採用 2展望1階にあるガラス床。まるで空中散歩しているかのよう 3年表や絵図面を使ったグラフィック展示の五稜郭物語 4展望2階から見る五稜郭 51階に隣接するアトリウムは全天候型のガラス張りの広場

おみやげもそろっています

1階の売店には函館と五稜郭のおみやげがそろう

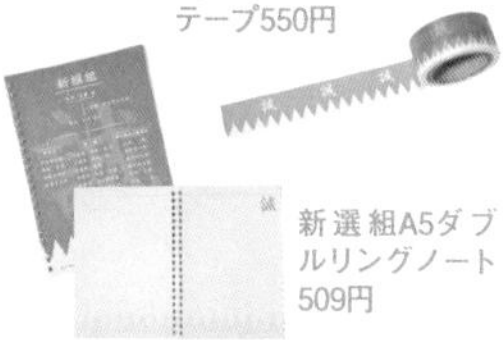

新選組マスキングテープ550円

新選組A5ダブルリングノート509円

## 五稜郭の星形を見にのぼりたい

# 五稜郭タワー ‖五稜郭周辺‖ごりょうかくタワー

特別史跡五稜郭跡に隣接する高さ107mの白いタワー。眺望はもちろん、江戸末期建造当時の五稜郭の復元模型など展示も充実している。ペリー艦隊来航から箱館戦争終焉までを精巧なフィギュアで再現したメモリアルポールは、時間を忘れて見入ってしまいそう。

展望塔 ☎0138-51-4785 ⌂函館市五稜郭町43-9 🕘9:00〜18:00（展望台は〜17:50）休無休 ¥1000円 Pなし 🚶市電五稜郭公園前から徒歩15分 MAP付録③ B-2

**土方歳三が属する旧幕府脱走軍の拠点になっていた五稜郭**

新選組の土方歳三は榎本武揚率いる旧幕府脱走軍と合流して蝦夷地へ。元号が明治に変わり、旧幕府脱走軍が真っ先に占領したのが箱館の五稜郭だった。その後、新政府軍の攻撃が始まり、土方歳三も函館の地で生涯を終えることになった。市内には「土方歳三最期の地」碑（MAP付録① C-1）や碧血碑（MAP付録① B-4）など、土方歳三のゆかりのスポットがある。

展望2階の「土方歳三之像」は一般的によく知られている写真をもとに制作

日本で五稜郭のような星形の城郭があるのは、函館市以外では長野県佐久市にある龍岡城（たつおかじょう）だけです。

# 歴史ある街に溶け込むようにたたずむ スタイリッシュなシティホテル

今日のプランが終わったら、あとはホテルでリラックス。
いつまでも心に残る素敵な時間を過ごしたい…
そんな願いをかなえるおしゃれなホテルをご紹介します。

1全室コンドミニアムタイプ 2レストランのランチ・ディナーは前日までの予約制。予算や好みも相談できる 3国内有数の施設のあるスパ。完全予約制

心癒される極上のスイートステイ

## ヴィラ・コンコルディア リゾート&スパ

‖元町‖ヴィラコンコルディアリゾートアンドスパ

客室は、インテリアからアメニティまですべてが厳選されたスイートの函館山ビュー10室のみ。気品と安らぎが漂う最上質なプライベート空間と、極上のスパリラクゼーションでゆったり贅沢な時間を過ごせる。

☎0138-24-5300
函館市末広町3-5
IN15:00 OUT10:00 室洋10
Pあり 市電十字街から徒歩3分 MAP付録① B-3

**料金プラン**

**デラックスツイン**
1泊1名14300円~
(素泊まり/2名利用)
**スパ・コンコルディア ヴィシーシャワー SPA**
60分 14300円

第15回函館市都市景観賞を受賞した建物

古き良き時代の面影薫るベイサイド・リゾート

## ラビスタ函館ベイ ‖ベイエリア‖ ラビスタはこだてベイ

ベイエリアの中心部に建つ温泉リゾートホテル。最上階にある大浴場は源泉掛け流しの内風呂と露天風呂があり、市内の美しい夜景が一望できる。地場産グルメが味わえる函館ベイ美食倶楽部が隣接する。

☎0138-23-5700(宿泊予約直通)
函館市豊川町12-6
IN15:00 OUT11:00 室S62、W16、T153、デラックスツイン76、和洋42 Pあり 市電魚市場通から徒歩5分 MAP付録① C-4

**料金プラン**

**スタンダードツイン**
1泊1名16000円~
(朝食付/2名利用)
**デラックスツイン**
1泊1名15000円~
(朝食付/3名利用)
**和洋室**
1泊1名14000円~(朝食付/4名利用)

金森赤レンガ倉庫に近い便利な立地

1大正ロマン漂う客室は5タイプ 2窓からはきらびやかな夜の函館を一望できる 3最上階の温泉は露天風呂をはじめ多彩な浴槽がある

### ドリンク片手にくつろげるラウンジ

ラ・ジョリー元町のラウンジでは、宿泊者に無料でドリンクサービスを行っており、優雅な読書時間を過ごせます。

1函館市街が一望できるプレミアムデラックスツインの客室 2夜には函館山と夜景が望めるスパ 3函館らしさと異国情緒が味わえる人気の朝食

**思い出に残る非日常な時間を**

## センチュリーマリーナ函館

‖函館駅周辺‖ センチュリーマリーナはこだて

くつろげる客室、景色とお湯が溶けあい一体化する天空露天風呂、アロマ＆ピローズバーなど、日常から解き放たれる贅沢な空間が広がるホテル。北海道屈指の豪華さで話題の朝食も魅力的。

**料金プラン**

**プレミアデラックスツイン**
1泊1名16200円～
(朝食付き／ 2名利用)
**デラックスツイン**
1泊1名14700円～
(朝食付き／ 2名利用)

お好みの香りのアロマをお部屋で楽しむサービス「アロマバー」

☎0138-23-2121
函館市大手町22-13
IN15:00 OUT11:00
室洋286 Pあり
JR函館駅から徒歩5分
MAP付録① C-1

**アンティークなインテリアに癒やされる**

## ラ・ジョリー元町

‖元町‖ ラジョリーもとまち

市電十字街駅からわずか徒歩2分の好立地に佇む隠れ家ホテル。函館山ロープウェイ駅や金森赤レンガ倉庫も徒歩圏内と観光地へのアクセスも良好。親しみやすいサービスで観光スポットやレストランなどのおすすめを提案してくれる。

☎0138-23-3322
函館市末広町6-6
IN15:00 OUT10:00 室洋30
Pあり 市電十字街からすぐ
MAP付録① B-3

**料金プラン**

**スタンダードツイン**
室料11000円～
(素泊まり／ 2名利用)
**コンフォートツイン**
室料13000円～
(素泊まり／ 2名利用)

函館の魅力いっぱいの西部地区を満喫するのにはうってつけの立地

1ゆったりくつろげるコンフォートツイン 2ラウンジスペースにあるライブラリーコーナー 3ロビーにあるピアノは演奏可能

ラビスタ函館ベイ、センチュリーマリーナ函館はトリップアドバイザー「朝食のおいしいホテルランキング」上位ホテルです。

# 観光エリア徒歩圏内、眺望自慢…
# 市街地ホテルは個性いろいろ

めいっぱい函館を楽しんだ今日のお泊まりは、観光の中心地をセレクト。
立地はもちろんインテリアや設備、過ごし方にもこだわった
乙女心をくすぐるホテル4軒をご紹介します。

1「蔵の宿」は明治ロマン漂うレトロな客室 2人気観光地の元町・ベイエリアに立地 3黒鉛珪石鉱泉「屯所の湯」

新撰組の屯所跡地に泊まる

## 函館元町ホテル ‖元町‖ はこだてもとまちホテル

鉄筋3階建ての本館に、1909（明治42）年築の趣ある土蔵造の別館を備えたホテル。客室は天井が高く開放的で、コンクリート打ち放しがスタイリッシュ。窓から函館湾を眺められる大浴場はゆったりとした造りで、リフレッシュできる。

**料金プラン**

**函館元町ホテル**
**おきがるご宿泊プラン**
室料10000円～（2名利用）
（朝食は1名1200円）

ホテル前にある新撰組屯所跡地の史跡案内板

プチホテル ☎0138-24-1555
住 函館市大町4-6 時 IN15:00 OUT10:00 室 洋27 P あり
交 市電大町からすぐ
MAP 付録① B-2

広い空間でくつろげるコンドミニアムタイプのホテル

## HAKODATE 男爵倶楽部 HOTEL&RESORTS

‖函館駅周辺‖ ハコダテだんしゃくくらぶホテルアンドリゾーツ

全室リビング・キッチン・ビューバス・バルコニー付きで、自宅のようにくつろぎながら滞在ができる。朝食は隣接する函館朝市の提携店へ足を運ぶスタイルか、海鮮丼や洋食セットが届く部屋食スタイルが選べる。

**料金プラン**

**ツイン**
室料19000円～（2名利用）
※ペット対応ルームもあり
ペット1匹1泊4400円（中小型犬3匹または大型犬1匹まで）

キッチンを備え、料理も可能

シティホテル
☎0138-21-1111
住 函館市大手町22-10
時 IN15:00 OUT10:00 室 T40、フォース12 P あり 交 JR函館駅から徒歩3分 MAP 付録① C-1

1客室一例（ツイン） 2陽の光が優しく照らすビューバス（写真はスイート） 3朝食は別途1800円、函館朝市直送、海鮮丼の部屋食は2100円

**早起きして緑の島へ**

元町地区にあるホテルに泊まるなら海に囲まれた緑の島へおさんぽしてみて。晴れた日なら、チェックアウト前に行くのも気持ちいいですよ。

1クラシックで落ち着きのある客室 2 2段ベッドのドミトリータイプ（男女混合のみ）3銀行だった時代の面影を残したブックラウンジ

歴史的建造物をリノベーションしたオシャレ空間

## HakoBA 函館 by THE SHARE HOTELS

‖ベイエリア‖ ハコバはこだてバイザシェアホテルズ

旧銀行と美術館だった建物を地元出身のアーティストによるグラフィックアートに包まれた空間にリノベーション。最上階にはテラスがあり函館湾が一望できる。ロフトルームやドミトリーもあり、グループ旅行でも利用可能。

**料金プラン**

**スタンダードダブル**
室料14000円～
（素泊まり／ 2名利用）
**モデレートツイン**
室料20000円～
（素泊まり／ 2名利用）

解放的な屋上テラス。夏には花火大会が一望できる

シティホテル ☎0138-27-5858
⌂函館市末広町23-9
◷IN15:00 OUT10:00 室洋34＋ドミトリー 24ベッド
P なし 👣市電末広町から徒歩3分 MAP 付録① C-4

駅前好アクセスな函館の顔

## ラ・ジェント・ステイ函館駅前

‖函館駅周辺‖ ラジェントステイはこだてえきまえ

JR函館駅前に建つ複合商業施設「HAKOVIVA」に入るホテル。シンプルで使い勝手のよいさまざまな客室タイプからその旅にぴったりな部屋を選ぶことができる。女性専用客室もうれしいポイント。

**料金プラン**

**スタンダードツイン**
室料13000円～
（朝食付き／ 2名利用）
**デラックスツイン**
室料19000円～
（朝食付き／ 2名利用）

駅前の複合商業施設HAKOVIVAに位置

シティホテル ☎0138-84-8861
⌂函館市若松町12-8
◷IN15:00 OUT11:00 室洋261
P あり 👣JR函館駅からすぐ
MAP 付録① C-1

1和の風情を感じられる洗練された客室 2江戸時代をイメージした天然温泉大浴場 3明るく解放的なレストランで人気の海鮮瓶づめの朝食を

男爵倶楽部の男爵とは「川田龍吉男爵」というジャガイモを欧米から北海道に導入した人物のことだそうですよ。

# 縄文遺跡群をめぐる

美しい国宝
「中空土偶」

## 函館市縄文文化交流センター

はこだてしじょうもんぶんかこうりゅうセンター

国宝「中空土偶」を常設展示し、道の駅を併設した博物館。地域の遺跡から出土した土器や石器などを数多く展示するほか、縄文にまつわる体験も人気。

☎0138-25-2030 ⌂函館市臼尻町551-1 ⏲9:00～17:00（11～3月は～16:30） 休 月曜（祝日の場合は翌日休）、最終金曜 ¥ 300円 P あり ‼JR函館駅から車で1時間 MAP 付録⑤ C-2

## 垣ノ島遺跡

かきのしまいせき

縄文時代早期前半から後期後半の約6000年間にわたる遺構・遺物を伴った集落遺跡。大船遺跡と同様、太平洋に面した海岸段丘上にあり、国内最大級の「盛土遺構」がある。

☎0138-25-2030（函館市縄文文化交流センター） ⌂函館市臼尻町 ⏲9:00～17:00（11～3月は～16:00） 休 無休 ¥ 見学無料 P あり ‼JR函館駅から車で1時間 MAP 付録⑤ C-2

出典:JOMON ARCHIVES
（https://jomon-japan.jp/）

集落の様子や
精神文化の変遷を
示す重要な遺跡

## 大船遺跡 おおふねいせき

縄文前期後半から中期（紀元前3500年～2000年ごろ）の大規模な集落遺跡。ほかではあまり見られない、長さが10m近い大型の建物跡が多く存在している。重なり合うように確認された竪穴建物跡は、豊かな環境のもと人が長期定住した証と言える。

☎0138-25-2030（函館市縄文文化交流センター） ⌂函館市大船町 ⏲9:00～17:00（11～3月 は～16:00） 休 無休 ¥ 見学無料 P あり ‼JR函館駅から車で1時間10分 MAP 付録⑤ C-2

縄文人が
長期間定住した
恵まれた土地

出典:JOMON ARCHIVES
（https://jomon-japan.jp/）

イカ形土製品が
「いかめし」発祥の地で出土

森町教育委員会所蔵

## 森町遺跡発掘調査事務所

もりまちいせきはっくつちょうさじむしょ

森町でしか発見されていない、珍しい「いかめし」形の土製品のほか、鷲ノ木遺跡などの出土品を展示している。ふだん見ることができない、1/50でストーンサークルを再現したジオラマもある。

☎01374-3-2240 ⌂森町森川町292-24 ⏲9:00～16:00 休 土・日曜、祝日 ¥ 無料 P あり ‼JR森駅から車で5分 MAP 付録⑤ B-2

# おいしい函館

函館は美食の街でもあります。
イカに代表される近海の新鮮な魚介、
長く街に息づく洋食の伝統。
豊富な乳製品から生まれたスイーツや
函館の街にしかない地元のファストフードなど、
個性的でおいしいものがそろいます。
ごはんのあとは、夜景がきれいなバーや
おしゃれなお店でちょっぴりお酒を…。
大人な函館もいいですね。

# 函館朝市ならではの海鮮をいただきましょう

**函館はイカをはじめとした海の幸が充実している街。なかでも函館朝市ではバラエティに富んだ海鮮丼が手頃な値段で満喫できますよ。**

好きなネタを自由に組み合わせる

## 味処 きくよ食堂 本店

‖朝市仲通り‖あじどころきくよしょくどうほんてん

1956（昭和31）年創業の老舗。60年以上にわたって愛される定番の元祖函館巴丼は、うに、いくら、ほたてがのるお客さんのひと言から生まれた品。

☎0138-22-3732 ⌂函館市若松町11-15 🕔5:00～14:00（12～4月は6:00～）休無休
Ｐあり（函館朝市駐車場）
👣JR函館駅からすぐ
MAP付録① C-1

とろける黄金比。サーモン親子ユッケ ぶっかけ丼2068円

テーブル席中心でゆったり

特製いくら、塩水生うに、ほたての元祖函館巴丼2728円

**おしながき**

| | |
|---|---|
| うに・かに丼 | 3168円 |
| キングサーモンルイベ刺身 | 935円 |

水産加工会社直営で鮮度抜群

## 朝市食堂 函館ぶっかけ

‖どんぶり横丁市場‖あさいちしょくどうはこだてぶっかけ

函館朝市に店を構える「弥生水産」直営の食堂。直営ならではの高い鮮度とコスパの良さが自慢。丼には特製ダレに漬けた無添加のイクラなど、手間ひまかけた具材を使用している。

☎0138-27-0841 ⌂函館市若松町9-15 🕔7:00～14:00 休不定休 Ｐあり（函館朝市駐車場）👣JR函館駅からすぐ
MAP付録① C-1

活蝦夷アワビの大名盛 レディースサイズ2200円

**おしながき**

| | |
|---|---|
| 自家製いくらぶっかけ | 2200円 |
| 活ほたて焼き | 680円 |

地元の人も食す ぶっかけ定食A1500円

店内の生けすに魚介が泳ぐ

### どんぶり横丁市場

海鮮丼や定食が食べられる店が並ぶ函館朝市のごはんどころ。一品料理が充実している店やラーメン店もある。MAP 付録① C-1



オリジナリティーあふれる海鮮丼に目移り

## 味鮮 まえかわ ‖どんぶり横丁市場‖あじせんまえかわ

オーソドックスな海鮮丼の人気もさることながら、五稜郭をイメージし華やかに盛り付けられた五稜の花丼など見た目にも楽しい海鮮丼が豊富に。店内にはその日そのときのおすすめが手書きのポップで掲示してあり、ついつい目移りしてしまう。

☎0138-23-3057 ⌂函館市若松町9-15 ◷6:30～14:30 休木曜(GW・年末年始は営業) Pあり(函館朝市駐車場) JR函館駅からすぐ MAP 付録① C-1

おしながき

| | |
|---|---|
| 鮭トロ親子丼 | 1990円 |
| 味鮮丼スペシャル | 3680円 |

五稜の花丼2380円

活気がありお客さんはひっきりなしに訪れる

焼きものなどの一品料理も充実

函館大漁丼2920円

おしながき

| | |
|---|---|
| うにいくら丼 | 2800円 |
| うに・かにグラタン | 1000円 |

自家製イクラの丼が自慢

## いくら亭 ‖どんぶり横丁市場‖いくらてい

豪華なネタが丼からはみ出るほどに盛られた函館大漁丼はさながら海鮮丼のお手本のような姿。お客さんのほとんどはこの函館大漁丼を目当てに訪れるという。店名を冠する自家製タレに漬け込んだ名品のいくらは一度はいただきたい逸品。

☎0138-23-3422 ⌂函館市若松町9-15 ◷6:00～14:00(11～4月は7:00～) 休金曜(そのほか臨時休業あり) Pあり(函館朝市駐車場) JR函館駅からすぐ MAP 付録① C-1

愛情たっぷりの料理とおもてなし

## 朝市の味処 茶夢

‖どんぶり横丁市場‖あさいちのあじどころちゃむ

刺身よりも細く切られたイカを生姜の入った甘めのつゆでいただく函館名物のイカソーメンは、イカ刺しともまた違うイカの魅力を引き出した一品。こちらでは注文したメニューのほかに煮つけや漬物などのサービス品が小鉢でずらりと8種類ほど並ぶ。

☎0138-27-1749 ⌂函館市若松町9-15 ◷7:00～14:00 休不定休 Pあり(函館朝市駐車場) JR函館駅からすぐ MAP 付録① C-1

イカソーメン定食1500円

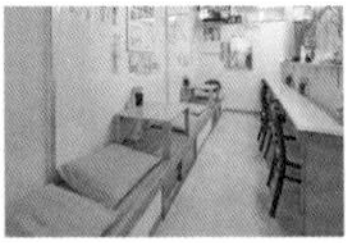
小鉢を肴にお酒を楽しむ人も多い

おしながき

| | |
|---|---|
| 本鮪丼 | 1800円 |
| いさりび丼 | 1100円 |

イカは解凍すると生と遜色ない状態に戻るので、冷凍のイカソーメンでも函館の味をおいしく再現できますよ。

# お寿司はカウンターでのんびり or 回転寿司で気軽に

職人さんとの会話を楽しみながら、ゆっくり味わえる寿司屋も粋。
好きなネタを好きな分だけ食べて、お腹の余力調整もできる
回転寿司もオツ。好みのスタイルでお店を選びましょう。

### ネタに合う地酒や地焼酎、ワインも豊富

## 鮨 島うた ‖五稜郭周辺‖すししまうた

落ち着いた雰囲気で天然もののネタが味わえる寿司店。函館近海産の上質な魚介を手頃な価格で楽しめるほか、北海道らしい大きなネタも魅力。音更町のブランド卵「米艶」を使った、ふわふわのたまご焼き(8切1500円)も隠れた人気メニュー。

**おしながき**

| | |
|---|---|
| 極上島うた | 4000円 |
| たこやわらか煮 | 800円 |
| 活いか | 2000円〜 |

☎0138-55-0940
函館市本町22-11 グリーンエステートビル1F 17:00〜翌1:00(金・土曜、祝前日は〜翌3:00) 休日曜、第3月曜、月曜の祝日 Pなし 市電五稜郭公園前から徒歩5分 MAP付録③ B-3

1戸井マグロ、利尻ウニなどを使用した4000円セット 2清潔感ある店内。気さくな店主が迎えてくれる 3地元常連客で常ににぎわう店

コレもおすすめ **煮つぶ 700円**
つぶ貝を南茅部産の昆布とじっくりやわらかく煮た一品。

1おきまり握り10貫4950円〜13貫6600円(写真はイメージ) 2広々として明るい店内

### 目利きの大将がネタを厳選

## 鮨処 木はら ‖湯の川温泉‖すしどころきはら

湯の川温泉の海沿いに建つ人気の寿司店。漁師の家で育った店主が厳選した新鮮なネタを引き立てるために、シャリ、醤油、塩などにも強いこだわりがある。時季や天候によっては、近海産の中でも特に希少な津軽海峡産の、脂ののった本マグロが楽しめる。ヒバの一枚板のカウンター席のほか、小上がりや個室もある。

☎0138-57-8825 函館市湯川町2-1-2 12:00〜14:30、17:00〜21:00(最終入店19:00) 休水曜、月2回火曜(不定休) Pあり 市電湯の川温泉から徒歩10分 MAP付録④ B-4

**おしながき**

| | |
|---|---|
| 旬の北海函館握り | |
| 13貫 | 6600円 |
| 椿握り | |
| 10貫 | 4950円 |

コレもおすすめ **鮑《あわび》のかぶり 時価**
叩いたアワビの肝にウニ、醤油ベースのソースが美味。

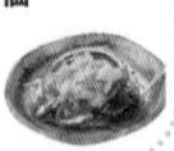

いまどきの回転寿司店は……

素材自慢は当たり前、だからこそ店構えやメニューの工夫に注目して。いろいろ食べたい人には3種皿がおすすめです。

## 伝統の職人技とフレンチ仕込みの新感覚が融合

### 幸寿司 ‖湯の川温泉‖ こうずし

旬のおまかせ握りはその時期最もおいしいネタが並び、彩りも鮮やか。ホワイトソースを使ったホタテのおこげやイカスミの握りなど、フレンチ出身の店主のセンスと腕が冴えるメニューも。素材により25種類の塩を使い分けるという繊細な職人技をぜひ感じて。

コレもおすすめ **イカスミ握り 1カン300円**

シャリにイカスミを混ぜ、津軽の塩とすだちで食べる創作寿司。

☎0138-59-5437
函館市湯川町1-27-2
🕒12:00～14:30、16:30～22:30
休 火曜 P あり 市電湯の川温泉からすぐ MAP 付録④ B-2

1

2

3

1エゾムラサキウニ、紅鮭などが入った旬のおまかせ握り（内容は季節により異なる） 2「職人の目の届く範囲で」がモットーの席数 3ホタテのおこげは函館みやげにもおすすめ。JR函館駅でも販売している

おしながき

| | |
|---|---|
| 旬のおまかせ握り（12カン） | 3780円 |
| ホタテのおこげ | 480円 |
| うに玉子とじ | 1890円 |

## 魚屋直営ゆえの自慢の味

人気ベスト3

### 回転寿司 函館まるかつ水産本店

‖ベイエリア‖かいてんずしはこだてまるかつすいさんほんてん

魚屋直営の回転寿司店。市場から直送された地魚の握りは、その日の入荷状況によってネタが変わるのでいつでも旬の味を楽しめる。

☎0138-22-9696
函館市豊川町12-10 🕒11:30～15:00、16:30～21:00 休 水曜、第2木曜 P あり 市電十字街から徒歩5分 MAP 付録① C-4

ぜんぶ食べてみる？

北海三好（うに・いくら・かにばら身）915円

海貝三好（ほたて・ほっき・つぶ）737円

まぐろ三好737円

## 本格寿司会席も味わえる

人気ベスト3

### 函太郎 五稜郭公園店

‖五稜郭周辺‖かんたろうごりょうかくこうえんてん

料亭のような高級感あふれる店内。ホールでは回転寿司を、個室ではコース料理がいただける。懐具合と気分によって使い分けられるのがうれしい。

☎0138-52-5522 函館市五稜郭町25-17 🕒11:00～20:45 休 無休 P あり 市電五稜郭公園前から徒歩20分 MAP 付録③ B-1

まだまだいける？

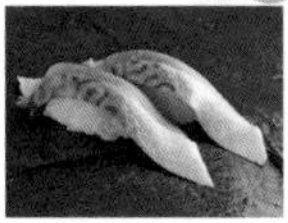

自家製〆さば275円

海宝こぼれ巻550円

サーモン220円

函太郎の本店「グルメ回転寿司 函太郎 宇賀浦本店」（☎0138-32-4455 MAP 付録② B-2）では、夏の間は店内から漁火が見られます。

# 国内屈指の朝食自慢ホテルで 1日のスタートを贅沢に

**函館旅は朝からたくさんの「おいしい」に出会えます。
海鮮や野菜を中心とした函館らしい食材の数々を
ビュッフェ形式の朝食でたくさんいただきましょう。**

1

5

6

2

3

4

1朝からこんなに!と驚く充実したラインナップ 2朝にぴったりの種類豊富な焼きたてパンも 3花畑牧場とコラボのエッグタルト 4函館の朝市をイメージした和風テイストのレストラン 5こんがりといい匂いが漂う炙り焼き 6好きなネタを思う存分楽しめるオリジナル海鮮丼

### 朝食がおいしいホテルランキング常連

## ラビスタ函館ベイ ‖ベイエリア‖ ラビスタはこだてベイ

観光スポットとしてにぎわう函館ベイエリアの中心にあるラビスタ函館ベイは、朝食がおいしいホテルランキング上位の常連でもある。会場の「北の番屋」はシックな空間で、北国の漁師の作業小屋をイメージ。函館名物の朝市の賑わいさながらに、いくらやイカなどを自分で盛って作る海鮮丼や旬の海鮮、種類豊富な野菜の炙り焼きなどライブ感あふれる朝食がいただける。

P.46

2011、2012年と2年連続で朝食のおいしいホテルランキングで国内No.1に。その後も例年上位をキープしている

**高レベルな北海道の朝食ブームはここから**

ラビスタ函館ベイの朝食にてイクラをたっぷりとかける光景がメディアで話題に。豪華な朝食ビュッフェを全国区にし、ブームの火付け役となりました。

1北海道産の新鮮な海鮮で作るオリジナルパフェ 2シェフが目の前で仕上げる函館国際ホテル名物の牛焼きしゃぶなどできたてメニューのもてなしが受けられる 3海の幸を贅沢に使用した函館貝鮮カレー

### エレガントなホテルでいただくできたて朝食

## 函館国際ホテル

‖函館駅周辺‖はこだてこくさいホテル

サービスの良さに定評があるエレガントなシティホテル。朝食のおいしいホテルランキングでも例年、高く評価されている。お好みで盛り付ける海鮮のパフェやライブキッチンで作る牛しゃぶや函館貝鮮カレーなど、期待が高まる。

☎0138-23-0591 ⌂函館市大手町5-10 ⏰IN15:00 OUT11:00 ¥ツイン10100円～ 室洋435 Pあり !!JR函館駅から徒歩8分 MAP付録① C-2

### 料理は世界各国の港町をイメージ

## センチュリーマリーナ函館

‖函館駅周辺‖センチュリーマリーナはこだて

北海道の素材を生かした「体にやさしい朝食」が自慢のホテル。ドリンクコーナーではご当地飲料の「カツゲン」もいただける。各月で違った料理が楽しめる「マンスリーメニュー」では、テーマに合わせた限定メニューが登場。朝食ビュッフェ付き日帰り温泉入浴プランもあるため、宿泊者以外でも気軽に利用することが可能。

P.47

1港町「函館」らしさと異国情緒が味わえる素敵なラインナップ 2朝から優雅にスパークリングワインをフリーフローで 3色鮮やかに並ぶスイーツ

センチュリーマリーナ函館の朝食では、定期的に「世界料理フェア」が開催されます。

myことりっぷ

# 函館市民に愛され続ける ローカルフードを味わってみて

地元定番の味を知るのも旅行の楽しみ。
函館っ子が古くから慣れ親しんだ味は今でも名物として健在。
道南・函館のソウルフードをいろいろ味わってみましょう。

## チャイニーズチキンバーガー

自家製マヨネーズがたっぷりぬられ、甘辛の鶏の大きな唐揚げが挟まっている。作り置きは一切しないので、商品ができるまで少々時間がかかる。462円

**menu**

北海道ジンギスカンバーガー 528円
チャイニーズチキンカレー 836円
シルクバニラソフト 319円
チャイニーズチキン焼きそば（マリーナ末広店ほか） 693円
チャイニーズチキンピザ（マリーナ末広店ほか） 1023円

### ラッキーピエロとは

函館を中心に道南エリアに17店舗あるご当地ハンバーガーレストラン。地元シェアは65%におよび全国大手のハンバーガーチェーンも太刀打ちできないほどで、ご当地グルメとしての人気は絶大。

※表示料金はすべてイートイン価格

ラキポテ440円。アツアツのフライドポテトに粉チーズ、ホワイトソースとミートソースがかかったもの

マリーナ末広店にある座れるオブジェ

マリーナ末広店の入口近くにある巨大なチャイニーズチキンバーガーのオブジェ。記念撮影スポットとしても人気

チーズカレー770円。牛乳をたっぷり使った、まろやかな味わいのカレー。チーズとの相性も抜群

オムライス682円。ケチャップライス330gに卵を4個使った圧倒的なボリューム（函館駅前店、マリーナ末広店など）

"ガラナ"オンリーの自動販売機

おみやげとしても人気のラッキーピエロのガラナ。マリーナ末広店などの一部の店舗では、ガラナだけの自動販売機がある

## オリジナルグッズはおみやげに人気

一生懸命カレー324円。人気メニューのカレーがレトルトに。甘口のバターチキンカレーやキーマカレーもある

ラッキーガラナ176円。北海道のご当地炭酸飲料として人気があるガラナのラッキーピエロオリジナル商品

> **道南エリアの2大チェーン**
> ラッキーピエロとハセガワストアは、函館出身のアーティストも愛する函館っ子おなじみのチェーン店です。

観光エリアに近い人気店

## ラッキーピエロ 函館駅前店

‖函館駅周辺‖ ラッキーピエロはこだてえきまえてん

函館駅近くの「ホテルニューオーテ」2階にある。ポスター・額・照明などにマティスの赤を取り入れた店づくりが特徴的。

ハンバーガー ☎0138-26-8801 ⌂函館市若松町8-8 ⏰8:00～22:00 休無休 Pなし JR函館駅からすぐ MAP付録① C-1

函館朝市の活気にも負けない情熱的な店舗デザイン

## ラッキーピエロ ベイエリア本店

‖ベイエリア‖ ラッキーピエロベイエリアほんてん

1987（昭和62）年、ラッキーピエロの歴史はこの店から始まった。店内は森の中のメリーゴーランドをイメージ。

ハンバーガー ☎0138-26-2099 ⌂函館市末広町23-18 ⏰10:00～21:00 休無休 Pなし 市電末広町から徒歩5分 MAP付録① C-4

ブランコになっている席や木馬があり、ノスタルジックな雰囲気

## ラッキーピエロ マリーナ末広店

‖ベイエリア‖ ラッキーピエロマリーナすえひろてん

赤レンガ倉庫群の向かいにあり、奥の席からは函館港が眺められる。装飾はオールドアメリカンをイメージ。

ハンバーガー ☎0138-27-5000 ⌂函館市末広町14-17 ⏰10:00～22:00 休無休 Pなし 市電十字町から徒歩5分 MAP付録① C-4

ラッキーピエロとしては珍しく、メニューに生ビールがある

シスコライス

1 意外にもあっさりめなバターピラフにスプーンが進む。シスコライス980円 2 店内はオーナーがアメリカで買い付けた家具や調度品が並ぶ

### ボリューミーかつスパイシーな味わい

## カリフォルニア・ベイビー ‖ベイエリア‖

アメリカンスタイルのカフェ＆バー。バターピラフの上にグリルソーセージが2本、その上から特製ミートソースがたっぷりとかかるシスコライスは函館っ子の定番。

カフェバー ☎0138-22-0643 ⌂函館市末広町23-15 ⏰11:00～21:00 休木曜 Pなし 市電末広町から徒歩4分 MAP付録① C-4

やきとり弁当

1 やきとりと名がつくが、豚肉を使用。注文を受けてから店内で焼くので、できたてがいただける。小560円 2 弁当以外にもやきとり各種は1本から注文が可能

### 名前は“やきとり”だけど、使うのは豚肉

## ハセガワストア ベイエリア店

‖ベイエリア‖ ハセガワストアベイエリアてん

道南限定のコンビニエンスストア。函館っ子に親しまれているやきとり弁当は、注文を受けてから焼き、秘伝のタレをつけたできたてを食べることができる。

コンビニ ☎0138-24-0024 ⌂函館市末広町23-5 ⏰7:00～22:00 休無休 Pあり 市電末広町から徒歩4分 MAP付録① C-4



函館のメーカー小原の炭酸飲料「コアップガラナ」はレトロなビン（1本154円）がかわいいのでぜひ味わってみて。

# 地元の人たちに愛され続けるハイカラな洋食はいかが？

古くから外国船が入港する函館の街では
ハイカラな洋食文化が花開きました。
今も変わらぬおいしさのひと皿をいただきます。

函館で最も歴史のある洋食店

## 五島軒 レストラン雪河亭

‖元町‖ごとうけんレストランせっかてい

1879（明治12）年創業のフランス料理店。現在の建物は1935（昭和10）年に建てられたもの。本格的なフランス料理やロシア料理をはじめ、カレーなどの洋食をクラシカルな店内で味わえる。

フレンチ・洋食 ☎0138-23-1106
住 函館市末広町4-5 時 11:30～14:30、17:00～20:00
休 火曜 P あり
市電十字街から徒歩3分
MAP 付録① B-2

ロシア料理セット3300円。ビーフストロガノフやボルシチなど、五島軒のルーツを味わうことができる

建物は国の有形文化財に登録されている

エレガントな雰囲気の店内

食べごたえ十分の特大エビフライ

## レストラン ヨシヤ

‖どつく前‖

昔ながらの雰囲気が心地よい洋食レストラン。看板メニューは、からりと揚げた約25cmはあるエビフライ（エビ未入荷時は提供できない場合あり）。エビフライとミニハンバーグ、ヒレカツの盛り合わせも好評。

洋食 ☎0138-22-1365
住 函館市弁天町5-6
時 11:00～14:00、17:00～19:30 休 水曜
P あり 市電函館どつく前から徒歩5分
MAP 付録① A-1

エビフライセット3280円。ライスとポタージュ、食後にはコーヒーまたはアイスクリームが付く

レトロな佇まいの老舗洋食店

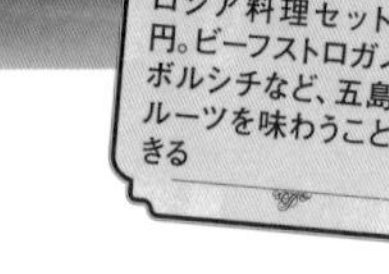

ゆったりとした造りの店内にはソファ席もある

小説に登場したレストラン

五島軒をモデルにした小説「蘆火野《あしびの》」(船山馨著)。売店内では小説ゆかりの品や明治大正の浪漫を感じるアンティークなどが展示されています。

こだわりのソースが人気のオムライス

## The very very BEAST

‖元町‖ザベリーベリービースト

大正時代に建てられた金物店を再利用した洋食レストラン。まる1日かけてじっくり煮込んだトマトソースが自慢のビーストオムライスは、訪れた人の8割が注文する人気メニュー。

洋食 ☎0138-26-7364 函館市宝来町23-3 12:00～14:00、18:00～21:30 休 火曜(祝日の場合は営業) P なし 市電宝来町からすぐ MAP 付録① B-3

ビーストオムライス1100円。トマトソースと特製デミグラスソースを合わせたオリジナルのソースがたっぷり。サラダ、スープ付き

ウッド調で可愛い外観

ポップでアメリカンなインテリアが印象的

昔懐かしい味わいが人気の本格派カレー

## 印度カレー小いけ本店

‖元町‖いんどカレーこいけほんてん

1948(昭和23)年創業のカレー専門店。伝統の味を守りながら、新しい時代感覚を取り入れたスパイシーで個性的なカレーが味わえる。一度食べたら忘れられない深みとコクのある味を求めて、長年通う常連客も多い。

洋食 ☎0138-22-5100 函館市宝来町22-5 11:00～14:30、17:30～20:30 休 木曜、第1水曜 P あり 市電宝来町からすぐ MAP 付録① B-3

シーフードカレー 1375円。バターと小麦粉を丹念に炒めた「空こがし」とスープを混ぜ合わせたこだわりのカレー

函館生まれの伝統の味を伝え続けている

店内は、明るく広々。ゆったりと食事が楽しめる

幕末期の函館の人々は高価な米より、鯨肉や鹿肉、野鳥などの食材を好んで食べていました。

# 異国情緒の街だから ちょっと優雅にフレンチを

**国際貿易港として早くから西洋の文化に親しんできた函館には、洋食やフレンチのお店も数多くあります。地元の素材を使った、自慢のフレンチはいかがですか？**

1

2

**閑静な住宅街にある本格フレンチのお店**

## レストラン箕輪

‖五稜郭周辺‖レストランみのわ

7700円以上のディナーコースには、北海道産黒毛和牛のローストビーフが付く。予算や素材の相談にも応じてくれるので、事前に電話で予約するのがおすすめ。海の幸を使った料理も充実。

1シェフ自慢のローストビーフは感動するおいしさ
2地元にもファンの多いレストラン。上品な店内
3住宅街にある隠れ家的雰囲気も魅力

☎0138-51-2051
函館市杉並町4-30
11:30～13:30、18:00～20:30
休 月曜 P あり
市電杉並町から徒歩5分
MAP 付録③ C-4

2人なら、こんな感じ。

まずは…

前菜は道産魚介たっぷりのシーフードサラダ（単品では1100円）

→

そして…

彩り豊かな前菜2品目。どの料理も素材・味・量にシェフの心意気が

→

いよいよ…

スープのあとは真ソイのムニエル。そのあとにローストビーフorステーキを

3

**Menu**

ランチコース
2420円・3520円・4400円

ディナーコース
（前日までに要予約）
5500円・7700円・9900円

### 西洋料理が根付く土地

いち早く洋食文化が根付いた函館。明治初期には西洋料理店が多数開店、庶民の間でもビーフシチューなどが食べられていたそうです。

オープンキッチンで気軽にフレンチ

## レストラン ラ・ターチ ‖五稜郭周辺‖

シェフとの距離が近いオープンキッチンで、お手軽なランチや、本格的なディナーコースが楽しめるレストラン。毎日市場で仕入れる函館近海の海の幸や契約農家の無農薬野菜など道南の食材を中心に、素材の持ち味をていねいに引き出したフレンチが魅力。白身魚のプロバンサルは、濁川《にごりかわ》のトマトをソースにし、厚沢部《あっさぶ》の無農薬野菜を使っている。明るい内装の店内はおしゃれな雰囲気。

☎0138-43-8118 ⌂函館市亀田本町3-24 ⏰11:30～14:00、18:00～21:00（夜は要予約）休第1·3水曜、日曜の昼、火曜の夜 Ⓟあり 🚶JR五稜郭駅から徒歩7分 MAP付録② B-1

**Menu**

ランチコース
1485～3520円

ディナーコース
4400～6600円
（夜は人気のワゴンデザート）

1昼・夜のコースの魚料理。白身魚のプロバンサル（魚は時期、日によって変更あり） 2選ぶのに迷うワゴンデザート 3パステル調の店構え

1 8時間じっくり煮込んだ牛ホホの赤ワイン煮 2古民家を活用した暖かい雰囲気 3ゆったり楽しめる掘りごたつ式の個室も（要予約）

**Menu**

ランチメニュー
2400円

ディナーコース
4250円（要予約）

気取らない雰囲気のビストロ

## Bistro Bons amis

‖元町‖ビストロボンザミ

フランス語で「良い友達」という意味のボンザミは、アットホームな雰囲気で気軽に行けるフレンチレストラン。本格フレンチから創作料理までフランス料理の幅広い魅力に触れられる。旬な地元の食材を使った料理が魅力的。

☎0138-27-4530
⌂函館市宝来町7-19 ⏰11:30～14:00、17:30～21:00 休水曜 Ⓟなし 🚶市電宝来町からすぐ MAP付録① B-3

開港とともに洋食が上陸した函館。1870（明治3）年には西洋野菜の試験栽培や家畜の放牧を行い、洋食文化を育みました。

# 料理もお酒もいただきたい 地元で人気のダイニング&バー

楽しかった函館散策の仕上げは
地元女性に人気のダイニングやバーで過ごしませんか。
気さくな雰囲気の店でおすすめ料理をいただきます。

## 気軽にワインとフレンチを

1ランチコースは1870円～ 2店内にも料理にもさりげなく花があしらわれる 3カトラリーの看板が目印。店舗は2階にある 4ディナーコース 青 4400円～

### ビストロやまくろ

‖函館駅周辺‖

ソムリエの資格を持つオーナー夫婦が営むビストロ。道南産を中心に使用した地場食材によるワインにぴったりな料理や、親しみやすい雰囲気で地元の人にも支持される。道産をはじめとした日本ワインとのペアリングも楽しんで。

☎0138-76-9542 ⌂函館市栄町11-4 ⏱11:30～13:30、18:30～21:30(日曜は～20:00) 休火曜 Pあり 👣市電魚市場通から徒歩4分 MAP付録① C-2

## 季節を先取りするカフェレストラン

1色鮮やかな前菜。コース料理は3800円～ 2エゾアワビのポワレ単品3500円 3気軽に立ち寄れるレストラン 4店内は木のぬくもりが広がる。カウンターの野菜や果物が印象的 5アサリと野菜の塩パスタは1600円

### PERRY'S BAR

‖五稜郭‖ペリーズバー

気軽にフレンチが楽しめるレストラン。今が旬の食材を全国各地からいち早く仕入れ、素材の良さを存分に生かしたフレンチに仕上げる。木々のぬくもりを感じるおしゃれな店内で時間を忘れてリラックスできる。

☎0138-83-6008 ⌂函館市松陰町1-7 ⏱11:30～13:30、17:30～20:30(日曜、祝日は～20:00) 休水曜(その他不定休あり) Pあり 👣市電杉並町から徒歩3分 MAP付録③ C-4

**ライブも行われる人気店**

100年以上の歴史がある蔵を改装したBAR hanabi。広々とした空間を生かしてプロやアマチュアのミュージシャンによるライブも行われています。

## ローマピッツアが人気のバル

1

2

3

4

1生地が薄く、軽い食感のマルゲリータ1200円 2仲間と楽しく食事ができる 3社長が漁に出て釣った魚で作る新鮮なお刺身（時価） 4白いのれんに「そる」の文字が特徴

# 石窯ピッツァと和食と酒 そる

‖**五稜郭**‖いしがまピッツァとわしょくとさけそる

「自家製生地のローマピッツァ」で知られる人気バル。函館近海でとれた海鮮を使った和食料理に力を入れていて、女性に人気のカクテルも充実している。のんびりくつろげるソファ席のほか、個室も完備。

☎0138-32-5044 ⌂函館市本町6-14 ⏰18:00〜翌0:00 休日曜 Pなし 🚶市電五稜郭公園前からすぐ MAP付録③ A-3

## いろいろなビールが楽しめる

1

2

3

4

5

1ビールはギネス800円〜、ハイネケン600円〜など。姉妹店「Ozigi Brewing」のクラフトビールも樽生で提供 2蔵を改装したバー 3懐かしくもおしゃれな店内 4好評な油そば800円 5お酒と一緒に味わえるペンネ1200円

# BAR hanabi

‖**元町**‖バーハナビ

築100年の蔵をリメイクしたレトロな空間の中で、心ゆくまでお酒を堪能できるバー。コクと香りが自慢のビールは、泡のおいしさも重要と、注ぎ方にまでこだわっている。ノーチャージなので気軽に立ち寄れる。

☎0138-22-0087 ⌂函館市宝来町34-1 蔵 ⏰17:00〜翌0:30 休水曜 Pなし 🚶市電宝来町駅から徒歩3分 MAP付録① B-3



ビストロやまくろではテイクアウトディナー２人前5000円も用意されています。（要予約）

# あっさり塩ラーメンは函館名物
# 地元の人気店でいただきます

**北海道三大ご当地ラーメンに数えられる「函館塩ラーメン」は、細めの麺、あっさりとした透明なスープ、シンプルな具材で女性からの人気も高いラーメンです。さあ、どこに行きましょうか？**

1

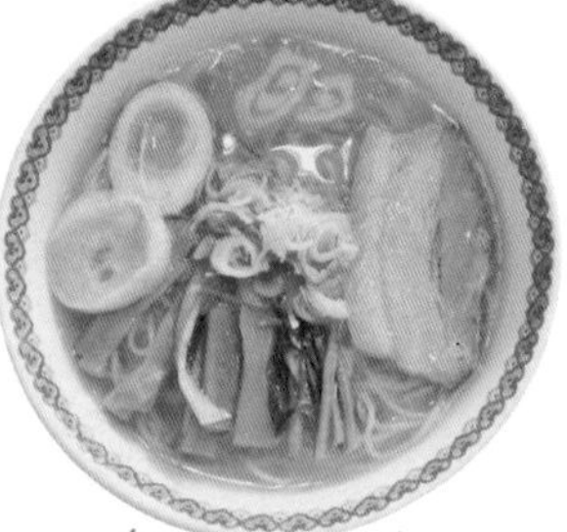

はこだて塩らーめん850円

2

塩ラーメン700円

3

塩ラーメン600円

4

味彩塩拉麺930円

5

塩ラーメン660円

6

塩らーめん980円

**開港当時に広まった塩ラーメン**

江戸時代に華僑から伝わった塩味スープのラーメンをベースに、港町らしい海鮮出汁が加えられ、独自のスタイルが完成しました。

1

地元の人に
愛され続けるラーメン店

## はこだて塩らーめん しなの

‖函館駅周辺‖はこだてしおらーめんしなの

函館駅のすぐ前にあるラーメン店。澄んだスープに細めの麺、具だくさんで函館ラーメンらしい優しい塩味。チャーシューは口の中でホロッとくずれるほどやわらかい。夜遅くまでやっているのもうれしい。

気軽に利用できるのも魅力

☎0138-22-5552 ⌂函館市若松町20-10 ⏰11:30～14:00、17:00～22:30 休無休 Pあり 👣JR函館駅からすぐ MAP付録① C-1

2

スープを飲み干せる
あっさりとした一杯

## 函館麺屋ゆうみん

‖函館駅周辺‖はこだてめんやゆうみん

75年以上の歴史がある老舗。駅前で営業時間も長く立ち寄りやすい。塩ラーメンは豚骨や鶏ガラをベースにしたあっさり味。岩塩や香味油でまろやかな味わいに仕上げている。ラーメン以外のメニューも充実。

明るく清潔。女性1人でも入りやすい

☎0138-22-6772 ⌂函館市若松町19-1 ⏰11:00～22:30 休無休 Pあり 👣JR函館駅からすぐ MAP付録① C-1

3

あっさりシンプルな
老舗の味

## 滋養軒

‖函館駅周辺‖じようけん

昭和22（1947）年創業の老舗。使用する麺の原料は粉とかんすい、塩、生卵のみ。毎日その日使う分だけを、創業以来使い続けている製麺機で作っている。鶏ガラや豚骨などをじっくり煮込んだスープは絶品。

繁忙期には行列ができることも

☎0138-22-2433 ⌂函館市松風町7-12 ⏰11:30～14:00（スープがなくなり次第閉店） 休火・水曜 Pあり 👣JR函館駅から徒歩5分 MAP付録① C-1

4

おいしさの秘密は
昆布出汁のスープ

## 麺厨房あじさい

‖五稜郭周辺‖めんちゅうぼうあじさい

創業80年を超える老舗ラーメン店。道南産昆布をベースに、豚骨、鶏ガラを使い仕上げたスープは深いコクがあり、中細ソフトウェーブ麺との相性もぴったり。五稜郭タワーに近く、行列ができることもある人気店。

カフェのようなくつろげる店内

☎0138-51-8373 ⌂函館市五稜郭町29-22 ⏰11:00～20:25 休第4水曜（祝日の場合は翌日休） Pあり 👣市電五稜郭公園前から徒歩7分 MAP付録③ B-2

5

函館ラーメンの
基本スタイルがコレ

## 西園

‖元町‖さいえん

地元の人も太鼓判を押す店。「こだわりがないのがこだわり」と言う店主が作る塩ラーメンは、豚骨ベースのあっさりした味わいで、細麺も具材も函館ラーメンの基本スタイル。値段がリーズナブルなのも魅力。

チャーハン720円もおすすめ

☎0138-27-1943 ⌂函館市末広町19-14 ⏰11:30～19:00 休日曜 Pあり 👣市電末広町からすぐ MAP付録① B-2

6

今までの塩ラーメンと
一線を画したラーメン

## 函館麺や一文字

‖湯の川温泉‖はこだてめんやいちもんじ

南茅部産の昆布など道南の海産物を贅沢に使ったスープは、あっさりとした元来の函館の塩ラーメンにはないコクを出しているのが大きな特徴。チャーシューはトッピング直前に炭火であぶるので、風味豊かな味わい。

津軽海峡を望む湯の川温泉街にある

☎0138-57-8934 ⌂函館市湯川町2-1-3 ⏰11:00～23:30 休水曜、他不定休月2回 Pあり 👣市電湯の川温泉から徒歩10分 MAP付録④ B-4

ふだんラーメンを食べない人でも、「函館で食べた塩ラーメンはあっさりしておいしかった」と言う人が多いそう。

# 時間がゆっくり過ぎる 海辺のカフェでランチやお茶時間

**波の音とカモメの鳴き声がBGMになる海沿いのカフェ。
窓の外に広がる青い海が刻々と変化するさまを眺めながら、
ぜいたくなランチタイムを過ごしませんか？**

### 海の見える空間で至福の時を

## カフェ ラミネール ‖元町‖

床から天井までのガラス窓から津軽海峡を臨むカフェ。海と空がとけ合う水平線を眺めながら、おしゃれなプレートランチがいただける。女性に人気のデザートの盛り合わせは、3種類のスイーツにドリンクが付いてお得。天気が良ければ、バルコニー席で潮風に当たりながらリゾート気分に浸るのもいい。

0138-27-2277 函館市宝来町14-31
11:00～17:30 休 木曜（12～3月は水・木曜） P あり
市電宝来町から徒歩5分 MAP 付録① C-3

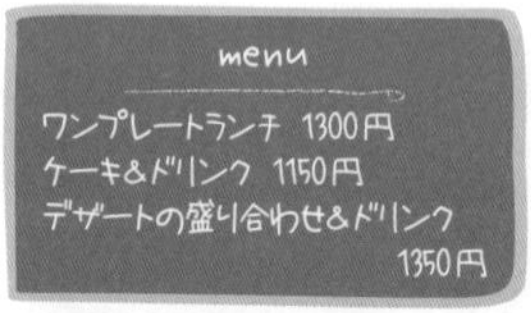

1 海を見ながら至福の時を過ごせる 2 魚介のグラタンはサラダ、パン、ドリンク付き1300円 3 店内は季節の花で飾られている 4 赤茶色の建物が印象的 5 バルコニーから眺める海は開放感がある 6 本日のケーキ&ドリンクは1150円～

**海を臨むベイエリアのスタバ**
スターバックス コーヒー 函館ベイサイド店は函館港を背に建ち、全国のスタバの中でも有数の眺めのよさで知られています。

オーシャンビューのカフェ&ギャラリー

## cafe 海と硝子

‖谷地頭‖カフェうみとがらす

立待岬手前の海岸沿いにあるカフェ。海側にせり出したガラス張りのテラスからは、大森浜から津軽海峡まで眺めることができる。青空や夕暮れをイメージした色合いのドリンクなどとともに、絶景が楽しめる。店内ではマスターの奥さんが手がける「美鈴硝子」の作品を展示、販売。手にとってみたくなるガラス作品が並ぶ。

☎非公開 ⌂函館市住吉町15-2 ⏲季節により異なる（公式HPや各種SNSで確認）休不定休（公式HPや各種SNSで確認）Pあり ‼市電谷地頭から徒歩6分 MAP付録① B-4

1

2

3

menu

オレンジアイスティー 700円
ホットサンド 600円〜
※商品価格は変動の場合あり

1一面に青い大森浜から津軽海峡を望むテラス席 2海色ライチソーダフロート、茜色レモンソーダフロート各900円（変動の場合あり）3「美鈴硝子」はかわいい小皿や箸置きなど、バリエーション豊富

津軽海峡を眺めながらティータイム

## CASANOVA

‖漁火通‖カサノヴァ

オリエンタルな雰囲気の50年代アメリカをイメージしたおしゃれなカフェ。店内から見る津軽海峡の眺めはまるで絵画のよう。世界中を旅したオーナー夫婦が作るサンドイッチや自家製ドリンクが人気。海外の古着も販売している。定期的にDJイベントの開催も。

☎0138-76-1309 ⌂函館市宇賀浦町7-7 ⏲10:00〜20:00（土曜は〜24:00）休不定休（月4回ほど休みあり）Pあり ‼JR函館駅から車で5分 MAP付録② B-2

1

2

3

1エルビスサンド1100円。目の前に広がる海を眺めながらテラス席でいただく 2大きな窓から港町ムードを楽しめる 3漁火通沿いにあり、JR函館駅からは徒歩20分ほど

menu

エルビスサンド 1100円
パキスタンカレー 1210円

CASANOVA

夜のお酒を楽しむことも

ここ最近の函館ではサバが豊漁となり、商品化する動きが広がっています。

# 日本有数の漁獲量を誇る函館で食べておきたいイカ料理

**函館で獲れるイカは透明でコリッコリ。
ぜひとも一度は食べておきたい王道メニューのイカ刺しやイカ焼きをメインに
一風変わった変化球メニューまでご紹介します。**

函館でイカといえばまずはここ

## 活魚料理 いか清 本店 ‖五稜郭周辺‖かつぎょりょうりいかせいほんてん

函館でイカ料理を食べるなら真っ先に候補としてその名前が挙がる名店。店頭に設置された大小4つの生けすにはイカのほかにもホタテ、カニなどさまざまな魚介が泳ぎ、新鮮なまま多彩な調理法で提供される。

☎0138-54-1919 ⌂函館市本町2-14 ⏰17:00～23:00 休無休 Pなし 👣市電中央病院前からすぐ MAP付録③ A-4

1店内はカウンター、テーブルのほか個室も充実 2活真いか刺2000円～。鮮度が落ちないよう熟練の職人が最短の手数でさばく 3活真いか刺を中心に自家製のいかぎょうざ620円など、豊富なメニューでイカを心ゆくまで楽しめる

**おしながき**

自家製 生干しイカ　880円
いかゴロ陶板焼　720円
クリスタル握り(2貫)　780円

**おしながき**

真ほっけ焼き　1880円
オーロラサーモン刺　800円
じゃがバター　500円

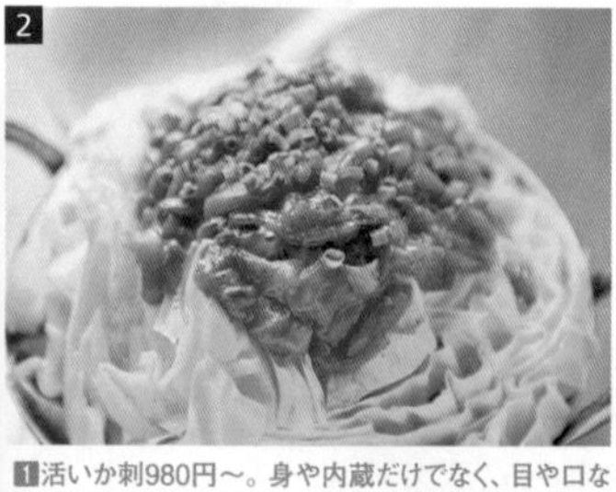

1活いか刺980円～。身や内蔵だけでなく、目や口などの部分も食べやすくカットして提供 2塩辛とキャベツを少量の水で煮込む塩辛煮1080円

いつもにぎわう大衆居酒屋

## 大衆居酒屋魚さんこ

‖函館駅周辺‖たいしゅういざかやぎょさんこ

店主が毎日市場に通って仕入れる新鮮な魚介の刺身が25～30種類そろう。一番人気の活いか刺しは、皿の底が透けて見えるほど透明。スタッフがさばく前に生きているイカの姿を見せてくれる。

☎0138-22-0008 ⌂函館市若松町19-3 ⏰16:30～23:00 休無休 Pなし 👣JR函館駅から徒歩3分 MAP付録① C-1

大人数でも利用できる活気あふれる店内

**意外と知らないイカの秘密**

実はイカは全身余すことなく食べられる魚介。おなじみのゲソから内臓(ゴロ)までさまざまな食感や味わいを楽しむことができます。

### 大型水槽に泳ぐイカをいただく

## 函館海鮮料理 海光房

‖函館駅周辺‖はこだてかいせんりょうりかいこうぼう

函館朝市内にある水産会社直営の海鮮居酒屋。店内には9tもの大型水槽があり、新鮮な魚介がたくさん。お気に入りの海産物を選んで、その場で調理してもらうことも可能。卸問屋直営店ならではの鮮度を味わうことができる。

☎0138-26-8878 ⌂函館市若松町11-8 ⏰17:00～23:00 休不定休 Pなし ‼JR函館駅からすぐ MAP付録① C-1

**おしながき**

| | |
|---|---|
| 本まぐろ刺し | 1620円～ |
| 甘えび刺し | 1560円～ |
| かにグラタン | 1050円～ |

1活イカ刺し1650円～。1～5月はヤリイカを使う 2イカゴロを混ぜた特製だれが美味しさを引き立てるイカゴロ鉄板焼き1540円 3店頭にはイカが悠々と泳ぐ大きな生けすが

### イカと塩味の焼きそばで海を感じる

## 港まちの宮里商店

‖元町‖みなとまちのみやざとしょうてん

元町エリアの海岸近くにある鉄板焼きそば専門店。函館ならではの塩味の焼きそばをはじめ、塩辛焼きそばなどここでしか味わえないメニューも。

☎070-4791-4105 ⌂函館市宝来町19-9 ⏰11:00～18:00 休日曜不定休（事前問い合わせを推奨） Pなし ‼市電宝来町から徒歩3分 MAP付録① B-3

身が極厚なイカの塩辛を使用した塩辛焼きそば730円。プリプリの食感と海鮮の甘みを楽しめる一品

店内ではイートインも可能

### ユニークなイカ料理を堪能

## 中華風居酒屋 函館いか家

‖函館駅周辺‖ちゅうかふういざかやはこだていかや

大門横丁にある中華風居酒屋。がごめ昆布餃子（5個）490円などバラエティ豊かなオリジナル餃子をメインにイカ料理も豊富。6～12月にはイカ刺しも。

☎090-3897-9031 ⌂函館市松風町7-5 ⏰17:00～23:00 休不定休 Pなし ‼JR函館駅から徒歩5分 MAP付録① C-1

イカスミを練り込んだ手作りの皮でイカの身とキャベツを包むイカスミ餃子（5個）500円

カウンター席でイカ料理を頬張りながらお酒をいただく

函館の朝食の定番はイカ刺しと並んでイカソーメンが人気。のどごしがたまりません。

# 街歩き途中のお楽しみ 函館の和洋デザートを堪能します

**見た目も味わいも華やかなスイーツがそろいぶみの函館。
観光でたくさん歩いた後のごほうびとして
伝統の和菓子からおしゃれな洋菓子まで食べ比べを楽しみましょう。**

シュークリーム330円はイートインの場合、ラズベリージャムをトッピング

うさぎクッキー 1袋160円は3日間かけて作る

毎日見た目が変わるシェフの気まぐれタルトは480円

店名はフランス語でゆきうさぎという意味

### ていねいな手仕事が光る小さな洋菓子店

## パティスリー ラパン・ド・ネージュ

‖函館駅周辺‖

函館市役所の近く、深い青色の外観が目印。道産の乳製品や旬の果物など大事に選ばれた素材とシェフの確かな技術で作るケーキや焼菓子が並ぶ。店内には3席のイートインスペースも用意。

ケーキ 0138-27-5505 函館市大手町16-1 10:00～19:00(日曜、祝日は～18:00、売り切れ次第閉店、喫茶スペースは11:00～15:30 1組4名までの入れ替え制) 休 火曜、月2日不定休 P あり 市電市役所前からすぐ MAP 付録① C-2

### ロマンティックな空間でスイーツを

## グリーンゲイブルズ

‖元町‖

赤毛のアンをイメージした三角屋根がかわいいカフェ。サンドイッチやスイーツなど、料理はすべて手作り。契約農家から取り寄せる野菜を使用したサンドイッチは、ボリュームたっぷりの人気メニュー。

カフェ 0138-26-7644 函館市末広町20-3 10:00～16:00 休 月曜 P あり 市電末広町からすぐ MAP 付録① B-2

いちごのシフォンケーキセット900円(ドリンク付)。シフォンケーキにバニラアイスとフルーツ、イチゴソースが添えられ、華やかな一皿

ゲイブルズサンドとヤサイサラダセット1200円

アンティークなインテリアやガーデンはアンの家のような雰囲気

グリーンの三角屋根が目印。庭のバラも美しい

「スイーツ王国函館」の成り立ち

函館はお菓子作りに欠かせない牛乳や果物が手に入りやすい立地。また古くから作られていた和菓子に加え、いち早く西洋の文化を取り入れたことから洋菓子文化も急速に発展しました。

蒸し焼きにした皮と道南地方の大納言小豆を使用した粒あんが相性抜群のどらやき260円

元祖山親爺（5枚入り）420円。サケを背負う熊を浮き彫りにした煎餅

秋田藩士だった佐々木吉兵衛が創業。屋号は故郷を偲んで命名されたという

江戸時代創業の歴史ある和菓子店

## 千秋庵総本家

‖元町‖せんしゅうあんそうほんけ

創業160年以上の老舗中の老舗で、函館を代表する菓子メーカー。素材にこだわり、ていねいに作られた和菓子は地元の人からも愛され、4種類のフィナンシェや七飯林檎パイなど洋菓子も人気が高い。

和菓子 ☎0138-23-5131 ⌂函館市宝来町9-9 🕒9:30〜18:00 休水曜 Pあり 👣市電宝来町からすぐ MAP付録① B-3

築100年以上の古民家を利用

## 甘味処・生活骨董 函館 きんぎょ茶屋

‖元町‖かんみどころせいかつこっとうはこだてきんぎょちゃや

レトロな雰囲気の和風カフェで、椅子やテーブルなどはすべて手作り。店内では、生活骨董品や函館在住の作家によるハンドメイド雑貨も販売。十勝産小豆を使った甘味のほか、オムライスなどの軽食やドリンクも豊富にそろっている。

和カフェ ☎0138-24-5500 ⌂函館市末広町20-18 🕒10:00〜16:20（11〜4月は〜16:00） 休水、木曜 Pあり 👣市電末広町からすぐ MAP付録① B-2

ミニぜんざい、抹茶かのこシフォン、わらびもちにミニケーキ、芋もちが付く羽衣セット880円

当時のままの天井や土間と新たに入れた家具が馴染む

赤と黒の色合いが他の古民家と一線を画す

「パティスリー ラパン・ド・ネージュ」はうさぎ年に開店したということで、店内にはうさぎモチーフがたくさん飾られています。

# 見た目も味わいも華やかな
# 函館スイーツをいただきます

**農産物や乳製品など、良質な素材に恵まれた北海道は
おいしいスイーツもたくさん。旅先だからこそ味わえる、
地元人気店の作りたてスイーツを召し上がれ。**

アンシャンテ490円（2024年1月時点）。フランスの伝統的なケーキ。濃厚なカスタードとバタークリームにサンドされる大粒イチゴがアクセントに

緑が美しい中庭

テイクアウト可能なマカロン1個324円。表面はかりっと、内側はねっちりとした食感

### 季節を感じる中庭でフランス菓子を堪能

## フランス菓子 ペシェ・ミニヨン

‖**五稜郭周辺**‖フランスがしペシェミニヨン

フランス菓子の職人が作る繊細な味が自慢の店。約20種類のケーキや焼き菓子が並ぶ。店内ではツタが絡まりレストランのような中庭の緑を眺めながらケーキセットなどが楽しめる。タルトやパウンドケーキなどのスイーツのほか、軽食も用意。

☎0138-31-4301 ⌂函館市乃木町1-2 ⏰11:00～18:00 休火・水曜（祝日の場合は営業） Pあり 🚶市電柏木町から徒歩10分 MAP付録② C-2

苺ショート486円。新鮮な生クリームと味わい深いスポンジで苺をたっぷりサンドした、シンプルだからこそ美味しさ際立つ自慢の一品

海が見えるカフェスペース

蒸し焼きショコラ（4個入）864円。なめらかでしっとりした舌触りと、芳醇なカカオの風味が自慢のチョコレートケーキ

### 素材の魅力がシンプルに伝わる

## 函館洋菓子スナッフルス 金森洋物館店

‖**ベイエリア**‖はこだてようがしスナッフルスかねもりようぶつかんてん

北海道みやげの定番となったふわっとした食感が人気のチーズオムレットが有名。海が見えるカフェスペースのほか、チーズオムレットのスタンディングバーもある。チーズオムレットのほかクッキーなどの焼菓子も地方発送が可能。

☎0138-27-1240 ⌂函館市末広町13-9 金森洋物館内 ⏰9:30～19:00（カフェスペースは～18:00） 休金森洋物館に準じる Pあり（提携駐車場） 🚶市電十字街から徒歩5分 MAP付録① C-4

**買いそびれスイーツは空港で** P.81

函館空港のショップには地元銘菓がたくさん。市街で買いそびれた定番菓子はもちろん、「空港限定」の商品もあるのでチェックして。

ケーキセット650円～。ショーケースの好きなケーキと飲み物が選べる。写真はコク深い生クリームがデコレートされたフレジェ

店舗は金森赤レンガ倉庫群の一角・BAYはこだてにある

かぼちゃのプリン(3個入)1080円。生クリームの下は、北海道産かぼちゃの甘さを生かした素朴なおいしさのプリン

### 「ささやかな感動」が味わえるスイーツ店

## パティスリー プティ・メルヴィーユ BAYはこだて店

‖ベイエリア‖パティスリープティメルヴィーユベイはこだててん

フランス語で「ささやかな感動」を意味するスイーツ店。手ごろな値段で上質なフランス菓子が楽しめる。大沼の牛乳や駒ヶ岳産のかぼちゃなど道産の食材をふんだんに使用。店頭販売だけのメルプリンやパンプキン味のメルチーズも購入できる。

☎0138-84-5677 函館市豊川町11-5 BAYはこだて内 ◷9:30～19:00(BAYはこだてに準じる) 休BAYはこだてに準じる Pなし 市電十字街から徒歩5分 MAP付録① C-4

コフレ・タ・ビジュー～少女の宝石箱～ 2200円～(ドリンクセット)。器のなかにはイチゴやシャーベット、生クリームなどが入っている

～はこだて恋いちご～いちごぷりん486円。完熟のイチゴを使ったジュレと函館牛乳のプリンを使用

ここで販売しているスイーツはすべて店内で製造

### 完熟イチゴを使ったイチゴスイーツ専門店

## はこだて恋いちご洋菓子店

‖ベイエリア‖はこだてこいいちごようがしてん

函館は日本で初めて食用イチゴの栽培が行われた場所。こちらでは自社農園で生産した糖度の高い“はこだて恋いちご”を使った各種手作りスイーツを販売。店内で味わえるカフェメニューの一見変わったネーミングとそのストーリーにも注目。

☎0138-86-7616 函館市末広町15-1 ルネッサンス末広1F ◷10:00～18:00 休不定休 Pあり 市電十字街から徒歩4分 MAP付録① C-4

はこだて恋いちご洋菓子店の目の前にあるのは日本最古のコンクリート電柱で、今も現役で使われています。

# 函館の街並みに似合う 小さなパン屋さんを見つけました

**ほのかな香りに誘われて、こぢんまりとしたお店までふらりとおさんぽ。
函館の街並みにお似合いのパン屋さんへ、
朝ごはんに、おやつに、できたてのパンはいかがですか？**

## 坂を歩いて優しい香りとおいしさに出会う

**carré(プレーン) 960円**／北海道産有機小麦・塩のみで作ったtomboloオリジナル角食。しっとりとした生地でサンドイッチにもトーストにも

**山葡萄とくるみのパン960円**／チーズやワインとの相性が抜群な味わい深いパン

**いちじくとくるみのパン1040円**／カットしたいちじくが贅沢に練り込まれ、たっぷり使用したくるみが香ばしい

## 材料にこだわった懐かしい和のパン

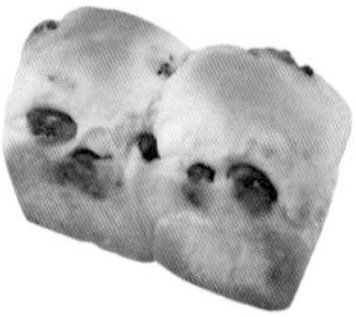

**まめまめ食ぱん390円**／甘納豆がいっぱい入った人気パン。大きな豆の甘さとふっくらとした生地がなじむほっとする味

**抹茶メロンぱん120円**／淡くきれいな抹茶色に魅かれるメロンパン。抹茶の苦みと甘みのバランスが絶妙

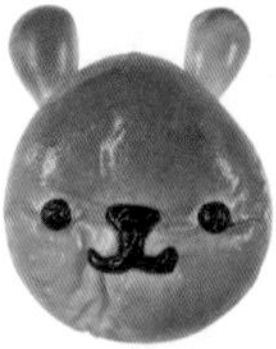

**うさぎさん（カスタードクリーム）140円**／自家製カスタードクリーム入りのかわいらしいパン

### 天然酵母パン tombolo

‖元町‖てんねんこうぼパントンボロ

大三坂沿いの人気ベーカリー。和洋折衷の古民家を改装した店内にハード系のパンが並ぶ。自家製天然酵母・北海道産小麦・塩・水のみで作ったシンプルで味わい深いパンはファンが多く、全国発送も可能。

☎0138-27-7780 函館市元町30-6 ⏰11:00〜17:00（売り切れ次第終了）休月〜水曜（祝日は営業）Pなし
市電十字街から徒歩10分
MAP付録① B-2

### 気ままなパン屋 窯蔵

‖谷地頭‖きままなパンやかまくら

抹茶や豆など体に優しい素材を盛り込んだ和テイストのパン。店内では、昔ながらのあんパンや豆パンなどが和箪笥の上に並べられている。春の桜あんぱん、秋のかぼちゃあんぱんなど季節ごとのパンも楽しみ。

☎0138-23-8330 函館市谷地頭町25-18 ⏰9:00〜18:00
休木・日曜、祝日 Pなし
市電谷地頭からすぐ
MAP付録① B-4

パン屋さんの中のすてきなショップ

天然酵母パン tombolo内にある「Studio Oval」は、陶芸家・苧坂恒治さんの作品が並ぶギャラリー&ショップになっています。

## 女性好みのパンが多いベーカリー

**プレッツェル216円(月・金曜のみ販売、要予約)**／ユニークな形と独特の食感で、おやつにもビールのお供にもぴったりのパン

**クロワッサン162円**／表面はサクサク、中はバターがきいたしっとりのクロワッサンは人気の定番

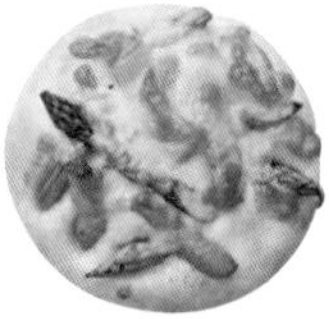

**フォカッチャ 292円**／地元で採れた季節の野菜を、ふんわりした生地にのせた食べごたえのあるパン

## 地元産の素材を使った風味豊かなパン

**ソフトフランス194円**／北海道産小麦を使ったもっちりとした食感の食事パン

**五島軒カレーパン194円**／老舗洋食レストラン「五島軒」のイギリス風カレーを使用

**アップルパイ259円**／シナモン風味のりんごが1/2個入った人気商品

## Pain屋 銀座通り

‖元町‖パンやぎんざどおり

銀座通りにある小さなパン屋さん。道産小麦使用の本格的なドイツパンをはじめ、サンドイッチ、フォカッチャなど種類が豊富。甘いデニッシュやスパイシーなカレーパンはおやつにもぴったり。

☎0138-22-8513 ⌂函館市宝来町22-12 ⏰7:30〜16:00 休日曜、不定期で連休あり Pあり 🚶市電宝来町から徒歩3分 MAP付録① B-3

## パン工房 元町ぽんぱん

‖元町‖パンこうぼうもとまちぽんぱん

ベイエリアにほど近いパン工房。北海道産小麦を使ったソフトフランスやクロワッサン、ライ麦全粒粉を使ったパンも人気。シュークリームやオムレットにも注目を。散策の休憩に立ち寄ってみて。

☎0138-22-8008 ⌂函館市末広町16-1 ⏰7:00〜18:30(1〜3月は〜18:00) 休日曜、祝日 Pなし 🚶市電十字街からすぐ MAP付録① C-4



焼きたてパンを食べたいときは、焼き上がり時間をお店に確認して足を運ぶのがおすすめです。

myことりっぷ

# 函館駅前の「HAKOVIVA」で北海道グルメを気軽に味わう

JR函館駅を出て左手にある複合商業施設「HAKOVIVA」。
函館の和洋折衷文化をイメージした、ホテルと商業施設を併設。
天候に左右されず、函館や北海道のグルメやショッピングが楽しめます。

JR函館駅の隣にある函館観光の拠点となる複合施設

## HAKOVIVA ‖函館駅周辺‖ ハコビバ

JR函館駅すぐそばにあり、ホテルや飲食店、おみやげショップ、コンビニエンスストアなど、観光での利便性の高い施設がそろう。さまざまな飲食店が並ぶ函館駅前横丁は、昭和の函館の街並みを再現。塩ラーメンや海鮮などの函館グルメはもちろん、ジンギスカンなどの北海道グルメも楽しめ、各種おみやげを販売するお店もある。

☎0138-21-1110 函館市若松町12-8 ⓛ休店舗により異なる
Ⓟあり JR函館駅からすぐ MAP付録① C-1

1 HAKOVIVA入口にある「誠」と書かれた大きな門。「ハコビバ」とは、函館の「函(ハコ)」とイタリア語で万歳や歓声を表す「VIVA(ビバ)」を組み合わせた造語 2 函館駅を出てすぐ左側。旅のスタートにも締めくくりにも立ち寄れる 3 函館駅前横丁内にはかわいい動物が隠れていたり、北海道ならではの小粋な演出がなされている

＼ホテルも併設しています／

### ラ・ジェント・ステイ函館駅前

ラジェントステイはこだてえきまえ

江戸時代をイメージした和の演出が施された天然温泉があり、非日常に浸りながら旅の疲れを癒やすのに最適。4名が宿泊可能なデラックスファミリールームなど、さまざまな客室を用意。P.49

1 函館観光の拠点としても便利 2 デラックスファミリールーム

道民も太鼓判を押す感動ジンギスカン

### 元祖箱館ジンギスカン 本店 がんそはこだてジンギスカンほんてん

北海道といえばまず思い浮かぶグルメの代表格ジンギスカン。この店のラム肉はやわらかく臭みやクセのない厳選された逸品。上質なラム肉のほか牛肉も用意している。ぜひご堪能あれ。

ジンギスカン ☎0138-83-5566
ⓛ11:00〜23:00 (L.O.22:00)
休 不定休

1 特上生ラム1628円
2 屋外からの入り口と函館駅前横丁直結の入り口がある
3 清潔感のあるスタイリッシュな店内

**「HAKOVIVA」にはおみやげも**

函館駅前横丁内には、水産加工品を販売する函館まるなま水産や北海道を代表するおみやげがそろう鶴井亀作商店がありますよ。

### 創業より50年変わらぬ味を守り続ける
## おんじき庭本 おんじきにわもと

北海道ラーメンの特徴である黄金色の自家製麺が透明なスープに絡む塩ラーメンが人気。からあげや餃子などのサイドメニューも豊富。

ラーメン ☎0138-22-8180
🕒11:00〜18:30 休無休

1大きな門から入ってすぐのゲートサイドにある赤い暖簾が特徴 2ラーメンとセットで注文したいギョーザ420円(単品) 3あっさりとしたスープが食べやすい元祖函館塩ラーメン820円

### てまひまかけた本格的な味を堪能
## 海峡 海味鮨 かいきょううみずし

厳選された素材と職人の磨き抜かれた技による握りや一品料理を提供する。豊富なメニューを地酒と一緒に楽しむことができる。

寿司 ☎0138-84-5522 🕒11:00〜15:00、17:00〜22:00 休不定休

1横丁に映える白い暖簾 2少人数ならカウンターで握る様子を見るのも楽しい 3ランチメニューのにぎりセット2750円

### 「HAKOVIVA」の見どころをチェック

函館にゆかりのある新撰組を象徴した「誠」の提灯がシンボル

スクエアサイドの函館駅前横丁は昭和の函館の街並みを再現

いか焼き屋やザンギ酒場などの北海道や函館を代表する店舗が並ぶ

JR函館駅の中央口を出てすぐ左手にあり、おみやげ購入の立ち寄りにも便利

おんじき庭本は、塩ラーメンとして全国的に有名になった「函館ラーメン」命名の元祖のお店です。

# 函館駅＆函館空港で おいしいおみやげ探し

**旅の余韻を楽しみながら、駅や空港で、お買いもの。
買い忘れ、気になるものはありませんか？
函館の思い出をもうひとつどうぞ。**

ドンデマカロニ
420円

乾燥マカロニを圧力釜で調理した、地元で人気のスイーツ。
（やごし本舗）

トラピストクッキー
3枚包12個入894円～

北海道銘菓として有名なクッキー。発酵バターの風味が豊かでサクサクとした食感がたまらない。
（燈台の聖母 トラピスト修道院）

創業明治12年、洋食の老舗・五島軒の二代目が大正期に完成させた伝承のカレーをそのままレトルトに。
（五島軒）

イギリス風カレー
594円

函館市街地の玄関口

## JR函館駅

観光情報の収集や相談もできる函館市観光案内所を併設している。構内に入るおみやげショップや名物グルメもチェックして。

ウインナー
538円

函館でソーセージ作りをはじめたドイツ人、カール・レイモンの伝統製法を引き継ぎ、製造されたウインナー。
（函館カール・レイモン）

チーズオムレット
8個入1728円

北海道を代表するおみやげ品として人気。口の中でとろけるような、ふわっとした食感。
（函館洋菓子スナッフルス）

ハコダテマウンテン
各161円～

函館山を関取の名になぞらえて作った「函館山関」のデザインをあしらったドリップコーヒー。（select coffee shop peacepiece）

JR函館駅 ☎0138-83-2966（北海道四季彩館JR函館店） 函館市若松町12-13
北海道四季彩館JR函館店は7:00～20:00（時期により変動あり） 休 無休 P あり MAP 付録① C-1

**独特な外観の函館駅**

JR北海道とデンマーク国鉄との共同作業によりデザインされたもので、かつて運航していた青函連絡船をイメージしたと言われています。

道南の空の玄関口

## 函館空港

羽田空港や伊丹空港から定期便が就航。軽食、空弁、おみやげなどの店が集まる。3階の展望レストランはメニューも豊富。

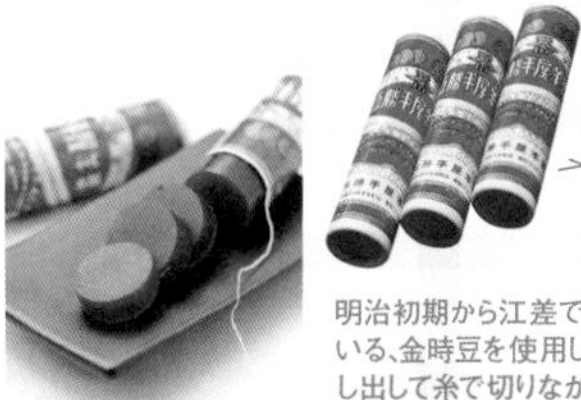

**丸缶羊羹 1本324円**

明治初期から江差で販売されている、金時豆を使用した銘菓。押し出して糸で切りながら食べる。(五勝手屋本舗)

**スモークチーズイカ クリームチーズイカ 各756円**

オリジナルブレンドのチーズに漬け込んだ新感覚の塩辛。ビールやワインとの相性が抜群と評判。(ユニフーズ)

**箱館塩かすてら(木箱) 1728円**

北海道の厳選された素材で作り上げたカステラ。ほんのりと塩味が感じられ、素材のおいしさを引き立てている。(北島製パン)

**はこだて雪んこ 6個入り1782円**

厚沢部町産のさつまいもや函館牛乳で作ったスイートポテトと生クリームを求肥で包んだ品。(嘉福堂キッチン)

**OTOBBEAN ALE 3本セット2310円**

乙部町の天然水を使用した、クラフトビール。ペールエール・ホワイト・IPAの3本セットで、飲み比べを。(アドバンス 乙部追分ブリューイング)

**函館チョコレート最中いか五郎商店 2個包3袋入1458円**

イカ型の最中の皮にクッキー生地とチョコクリームを詰めて焼き上げたもの。一口でいろいろな食感が楽しめる。(はこだて柳屋)

函館空港 ♪0138-57-8881(総合案内) 函館市高松町511
売店は8:00～19:30頃(最終搭乗時刻に合わせて営業) 休無休 Pあり MAP付録② D-2

二十間坂を輝かせる
イルミネーション

## 冬にしか見られない ロマンチックな風景

冬の函館はロマンチックなイルミネーションに彩られた光の国。暖かな服装で、カメラを片手に散策を楽しみましょう。

「はこだて冬フェスティバル」の「はこだてイルミネーション（八幡坂）」（他開催場所：二十間坂、開港通り 12月1日～翌2月末（予定））

「はこだてクリスマスファンタジー」
金森赤レンガ倉庫前のクリスマスツリー（12月1～25日(予定)）

函館山からの夜景も、
冬はいっそうクリアに

クリスマスシーズン
の赤レンガ倉庫群

冬のはこだて明治館と
函館山も印象深い風景

# 湯の川温泉をぶらり

北海道三大温泉のひとつに数えられ、
古くから名湯として人々に親しまれてきた湯の川温泉は
かつて松前藩主を、そして箱館戦争時には
旧幕府軍の志士たちを癒してきました。
函館の市街地から市電でアクセスでき、
函館空港からも近い気軽さも魅力で、近隣には
散策や行楽を楽しめる見どころもたくさん。
歴史に触れて地元のグルメや海の幸をいただいて、
たくさん遊んだ後は温泉でリラックス、
そんな贅沢な時間を湯の川でプラスしましょう。

# 湯の川温泉周辺をぶらりおさんぽ

**海岸と松倉川の周辺に建ち並ぶ多数の温泉宿。素朴な街並みの湯の川温泉を散策してみましょう。心が落ち着くお気に入りの場所がみつかります。**

ぐるっと回って

**4時間**

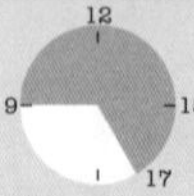

おすすめの時間帯

温泉宿でのんびり1泊した後、宿周辺を出発して温泉街をぐるっと一周してみましょう。古い温泉街ならではの雰囲気が楽しめます。おさんぽのあとは、日帰り湯や銭湯もいいですね。

## 1 湯倉神社 ゆくらじんじゃ

### 湯の川温泉発祥の地

湯倉神社の発祥は1453（享徳2）年頃。湧き湯で傷を癒した木こりが、お礼に小さな祠を建て、薬師如来を祀ったことが始まりといわれている。湯の川温泉発祥の地碑には温泉の歴史について記されている。大きな道路に囲まれているが、境内は意外と静か。

神社 ☎0138-57-8282 住所 函館市湯川町2-28-1 時間 境内自由 P あり 交通 市電湯の川からすぐ MAP 付録④ C-2

1 湯の川温泉の守り神として親しまれている。境内には樹齢約220年の「湯倉の大銀杏」があり、「実を結ぶ」「縁を結ぶ」「想いを結ぶ」霊木としてたくさんの参詣者が訪れる 2 イカすみくじ400円。北海道弁で書かれたおみくじが入るイカを釣り竿で釣り上げて吉凶を占う　3 古来より「繁栄と飛躍」の象徴であるうさぎ。そっと願いを込めながら撫でて

歩いて10分

## 2 やきだんご 銀月 やきだんごぎんげつ

### 地元で愛されるおだんご

とろける口当たりのやきだんごで知られる昔ながらの和菓子店。北海道産米100%の上新粉を使用したお団子をあんやタレがたっぷり包み、やわらかな弾力が魅力。買ってすぐに食べるのがおすすめ。

和菓子 ☎0138-57-6504 住所 函館市湯川町2-22-5 時間 8:30～17:30 休 火曜不定休 P あり 交通 市電湯の川温泉から徒歩5分 MAP 付録④ B-2

北海道産あずきを使ったどら焼きや大福、まんじゅうもある

やきだんごは1本140円。定番はしょうゆ、あん、ごま

歩いて3分

## 3 湯巡り舞台 足湯 ゆめぐりぶたいあしゆ

### 屋根付きなので雪が降っても大丈夫

電停近くの交差点にあり、市民も観光客も一緒にくつろぐ姿がよく見られる。泉質は無色透明の塩化ナトリウムで、足をつけるだけで体がポカポカに。タオルなどの販売はないので持参を。

足湯 ☎0138-57-8988（函館湯の川温泉旅館協同組合）住所 函館市湯川町1-16-5 時間 9:00～21:00 休 無休 ¥ 入浴無料 P あり 交通 市電湯の川温泉からすぐ MAP 付録④ B-2

1 足湯には屋根が付いており、雨の日でも利用可能 2 1日1回浴槽全体の湯の入れ替えを実施

ここにも立ち寄り

### 熱めの湯加減で有名

## 湯処永寿湯温泉 ゆどころえいじゅゆおんせん

源泉100%の温泉。中温48℃、低温44℃と湯温の違う2つの浴槽がある。男湯、女湯それぞれの壁面に描かれている富士山の味わい深いペンキ画も見もの。

銭湯 ☎0138-57-0797 住所 函館市湯川町1-7-14 時間 6:00～22:00 休 無休 ¥ 490円 P あり 交通 市電湯の川温泉から徒歩8分 MAP 付録④ A-3

熱めの湯が好みの人におすすめ

**温泉地メモ**

松前藩9代藩主が1653（承応2）年に湯治に訪れたという記録が残る道内屈指の古湯。イカの漁期に津軽海峡にゆれる漁火も名物です。

## 4 Endeavour

エンデバー

### くつろぎの店内で手づくりの味を堪能

醸造所併設のオリジナルクラフトビールを提供するビアバー。常時9～10種類のローカルビールが楽しめる。ビールが進むおつまみと共に、ここでしか飲めないタップとの一期一会の出会いを楽しめる。

レストラン ☎0138-84-6955
住 函館市湯川町1-26-24 🕒16:00～20:30（ドリンクは～21:00）
休 水曜 P なし 🚶市電湯の川温泉からすぐ MAP 付録④ A-2

1 市電の窓からもすぐ目に留まるお店 2 函館市金子農場の「トヨシロ」というジャガイモを使用したフライドポテト770円
3 人気メニューの合鴨とサーモンのスモーク盛り合わせ1210円

歩いてすぐ

歩いて15分

## 5 函館市熱帯植物園

はこだてしねったいしょくぶつえん

### 冬には温泉に入るニホンザルを見られる

常夏気分を味わえる熱帯植物園。多角形の温室には約300種の熱帯性植物を展示。屋外にはサル山、足湯もあり、冬場は温泉に入るニホンザルの姿が人気。

植物園 ☎0138-57-7833
住 函館市湯川町3-1-15
🕒9:00～17:00（変動の場合あり） 休 無休
¥ 300円 P あり 🚶市電湯の川温泉から徒歩12分
MAP 付録④ B-4

冬には温泉で温まるサルたちの姿が見られる

温室内にブーゲンビリアの花園

温室のエンジェルストランペット

歩いて10分

## 6 コーヒールームきくち

### 1981年創業の老舗コーヒーショップ

地元では知らない人がいないくらい有名なソフトクリームは、モカソフトが1番人気。ややシャーベット状でシャリシャリとした食感が特徴。

カフェ ☎0138-59-3495 住 函館市湯川町3-13-19 🕒喫茶店9:30～18:30、ソフトクリームテイクアウトは9:30～19:00（7･8月の金～火曜は～20:00）
休 無休 P あり 🚶市電湯の川から徒歩7分 MAP 付録④ C-3

ソフトクリームはテイクアウト290円。店内で食べる場合は330円

函館市熱帯植物園では、毎年7月末に夏祭りを開催しています（予定変更の場合あり）。

D

# 漁火を眺める湯の川温泉で心も体もホッとひと息

**350年余の歴史を持つ、函館の奥座敷・湯の川温泉。温泉街をおさんぽしたあとは、料理・風呂自慢はもちろんプラスαのある宿に泊まって疲れを癒やして。**

1

2

3

1 趣の異なるお風呂がある1階の庭園大浴場 2 露天風呂客室プランの料理一例 3 露天風呂付き客室

**名湯と自慢の料理に心行くまで満足できる**

## 花びしホテル はなびしホテル

200坪の庭園を持つ、料理と温泉が魅力の和風ホテル。1階には庭園露天風呂と大浴場、7階にはステンドグラスを配したエキゾチックな大浴場があり、館内で湯めぐりが楽しめる。もとは割烹旅館なので海産物を中心とした料理は見た目も美しく、おいしさにも定評がある。アロマエステやリフレクソロジーも用意されている。

☎0138-57-0131
函館市湯川町1-16-18
IN15:00 OUT10:00
室 和118、洋1、和洋12 P あり
市電湯の川温泉からすぐ
MAP 付録④ A-2 ●露天風呂あり

**宿泊プラン**

**料理自慢の宿『2食付き』プラン**
1泊2食付平日12100円～、休前日13200円～
**露天風呂客室で過ごす寛ぎの休日**
1泊2食付平日29700円～、休前日30800円～

4
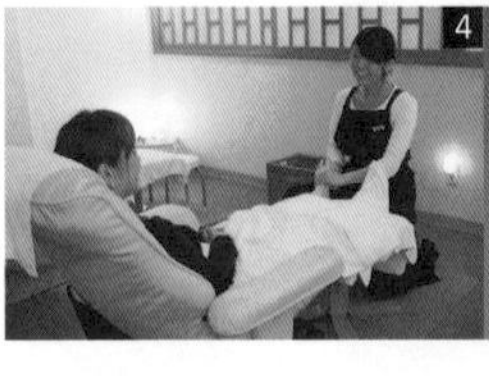

5
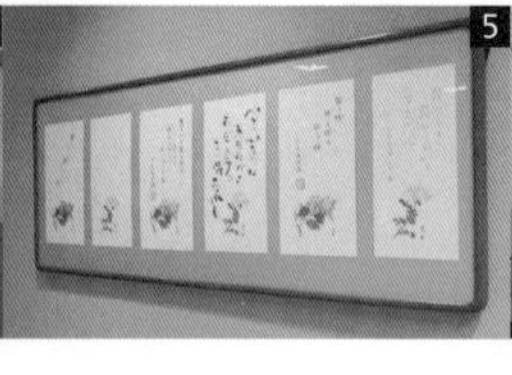

6

4 フットエステで旅の疲れを癒す 5 四季折々の花の挿絵が入った和紙に旅の思い出が書かれた、ゲストからの手紙 6 青函トンネルを掘ったときに出た土を使った「青函トンネル焼き」の壺は地元の陶芸作家・高木秀樹さんの作品

### 湯の川温泉の起源と榎本武揚

科学者でもあった旧幕府軍総裁榎本武揚の「ここを約30mも掘り下げれば50℃の温泉が湧き出る」という言葉が本格的な開発のきっかけとなったそう。

充実の館内施設と温泉を満喫

## 湯の川観光ホテル 祥苑

ゆのかわかんこうホテルしょうえん

館内では、豊富な種類の浴槽で湯めぐりを楽しむことができ、アミューズメント施設を無料で利用することもできる。客室もさまざまなタイプがそろうので、好みのスタイルでくつろげる。

**料金プラン**

**本館バイキングプラン**
(1～5名利用)1泊2食付1名8580円～
**露天風呂付き客室バイキングプラン**
(2～5名利用)1泊2食付1名10780円～

☎0570-030-780
函館市湯川町2-4-20
IN15:00 OUT11:00
室 和159、洋23、和洋39
P あり 市電湯の川温泉から徒歩10分(送迎サービスあり・要問い合わせ)
MAP 付録④ B-3 ●露天風呂あり

露天風呂付和室の一例

1 大浴場「清涼の湯」 2 広々としたバイキング会場。アルコール・ソフトドリンク90分フリーフロー付き 3 本館客室の一例

1 入浴後も寛げる空間の大浴場「湯蔵」 2 五島軒のカレーなど函館の名店の料理も楽しめるビュッフェ 3 どことなく懐かしい和の雰囲気を取り入れた上質なデザイン

バラエティに富んだ名湯とこだわりの料理を楽しむ

## ホテル万惣

ホテルばんそう

異国情緒溢れるデザインと和の調和を感じられる温泉宿。大浴場では「温泉リビング」をテーマに、様々な湯船が楽しめる。本格的な寿司や函館の名店のメニューなど、北海道の旬の素材を楽しめるこだわりのビュッフェも。

**宿泊プラン**

**スタンダード**
1泊2食付き1名12100円～
**15畳和室での大部屋満喫プラン**
1泊2食付き1名13800円～

新館2階には6名まで宿泊可能な和室の大部屋も

☎0138-57-5061
函館市湯川町1-15-3
IN15:00 OUT10:00
室 和17、洋41、和洋33 P あり
市電湯の川温泉から徒歩5分
MAP 付録④ A-3 ●露天風呂あり

# 今晩の宿はちょっぴり贅沢に 雰囲気のいい温泉宿でゆったり過ごす

**異国情緒とロマンあふれる函館を心ゆくまで楽しんだあとは、**
**おいしい料理と、眺めのいい展望風呂に浸かってリフレッシュ。**
**湯の川温泉のワンランク上の贅沢宿で、すてきな思い出づくりを。**

1 平成モダンの大浴場「Relax21」
2 大正ロマンのツインルーム
3 新鮮魚介を味わえるバイキング

### 大正ロマンと平成モダンの情緒が溢れる旅館

## HAKODATE海峡の風 ハコダテうみのかぜ

懐かしくも居心地のよい温泉ホテル。ノスタルジックでありながらモダンな洒脱さが際立つ2種の内湯も完備。部屋はクラシカルな大正ロマンタイプと贅沢な自室にいるような平成モダンタイプの2種類から選べる。地元の鮮度抜群な魚介を活かした料理もおすすめなほか、四季の眺めがみごとな日本庭園は、夜にライトアップされ幻想的な景色が広がる。

ホテル ☎0570-026573（野口観光函館予約センター）⌂函館市湯川町1-18-15 ⏰IN15:00 OUT11:00 室洋21、和洋24 Pあり 👣市電湯の川温泉から徒歩5分 MAP付録④ A-3

**宿泊プラン**
**夕朝食バイキング付きプラン**
21050円～
（2名利用）

4 函館朝市の活気を再現したレストラン 5 由緒ある庭園を眺めながらフリードリンクを楽しめるサロン・のぐち文庫
6 展望風呂付きの部屋もある

**旅の思い出を味で持ち帰る**

竹葉新葉亭の売店には、素材から吟味したオリジナル品や、料理長が試作を重ねて作り上げた「岩のりくらげ」などがそろっています。

1日本庭園に囲まれた萬葉の湯の露天風呂 2南館の客室 3職人の手による会席膳

### 昭和24年創業・湯の川温泉屈指の純和風旅館

## 竹葉新葉亭 ちくばしんようてい

先代の女将が京都老舗旅館の佇まいともてなしを再現した純和風旅館で、竹林の中庭を望む客室などがある。庭園に面した露天風呂は石造りと檜造りの2種類があり、ブラックシリカを施した贅沢な仕様。

**料金プラン**

**南館タイプ(12.5畳)**
1泊2食付21050円～
(2名利用)
**東館タイプ(12.5畳+次の間)**
1泊2食付23250円～
(2名利用)

旅館 ☎0138-57-5171
函館市湯川町2-6-22
IN15:00 OUT11:00 室和41
Pあり 市電湯の川温泉から徒歩7分 MAP付録④ C-3

フロントカウンターも京都風

### 展望露天風呂から函館市街を一望

## 望楼NOGUCHI函館 ぼうろうノグチはこだて

展望風呂のある客室を備えたラグジュアリーホテル。広さと開放感を感じるメゾネットタイプや大正浪漫の風情漂う和モダンな客室などがある。食事は地元の新鮮な山海の幸を、専用個室でゆったりと味わえる。

**料金プラン**

**展望風呂付きメゾネットタイプ[SUITE]**
1泊2食付44150円～
(2～4名利用)
**大正浪漫溢れる展望風呂付き客室[WAMODERN]**
1泊2食付37550円～
(2～4名利用)

ホテル ☎0570-026573（野口観光函館予約センター）
函館市湯川町1-17-22
IN15:00 OUT12:00
室和2、和洋18、メゾネット38
Pあり 市電湯の川温泉からすぐ MAP付録④ A-2

フリードリンクを楽しめるスカイラウンジ

1最上階にある展望露天風呂は、湯の川温泉で最も高い位置にある 2奥行きの広いメゾネットタイプの客室 3食事は個室の食事処で和洋会席を

竹葉新葉亭の先代女将は芸者から身を興し、並々ならぬ努力で現在の旅館の礎を築いた方なのだそう。

myことりっぷ

# 湯の川温泉からひと足のばして<br>緑豊かなトラピスチヌ修道院へ

にぎやかな市街地とは一味違う、落ち着いた雰囲気の湯の川周辺をめぐります。
厳かな修道院と歴史薫る庭園を見学したら、地元で人気の牛乳工場へ。
澄んだ空気をたっぷり吸いこんだ後は隠れ家フレンチで至福のひとときを。

## 1 日本初の女子観想修道院
## 天使の聖母 トラピスチヌ修道院
てんしのせいぼトラピスチヌしゅうどういん

1898（明治31）年に創設された、ヨーロッパの古城を思わせるような女子観想修道院。修道院内部の見学はできないが、前庭、「旅人の聖堂」などは見学できる。修道女が製造する焼き菓子は人気のおみやげ。

修道院 ☎0138-57-3331（敷地内売店）住所 函館市上湯川町346
営業時間 8:00〜17:00（11〜4月中旬は〜16:30）休 無休 ¥ 無料 P なし
バス停トラピスチヌ入口から徒歩10分 MAP 付録② D-2

1 聖堂の前庭からは函館の街並みや海がよく見渡せる 2 十二角形の小さな建物「旅人の聖堂」。内部は見学可能 3 トラピスチヌ修道院の桜も美しい 4 修道院の敷地内に建つ聖テレジア像

マダレナ(12個入り)1900円。シンプルな原料で作ったフランスの伝統菓子

## 2 函館の歴史と文化が薫る名園を楽しむ
## 見晴公園 みはらしこうえん

明治時代に呉服商の岩船峯次郎が造成した、日本庭園「国指定文化財名勝・香雪園」がある公園。園内には茶室様式を取り入れた書院造りの園亭、渓流やレンガ造りの温室など見どころも多い。春には古木の桜、秋には美しい紅葉が見られる。

公園 ☎0138-57-7210（東部公園事務所）住所 函館市見晴町56 営業時間 見学自由（園亭は9:00〜17:00）休 無休 ¥ 入園無料 P あり バス停香雪園からすぐ MAP 付録② D-2

1 数寄屋風書院造の園亭
2 秋になると美しく色づくカエデ並木

ぐるっと回って
5時間

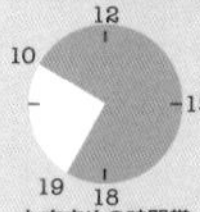

おすすめの時間帯

夜の食事をフレンチで楽しみたいなら、午後1時からトラピスチヌ修道院を見学し、その後見晴公園をゆっくりさんぽして。函館牛乳 あいす118では、ソフトクリームや新鮮な牛乳で酪農王国北海道を感じましょう。

**フランスのケーキ「マダレナ」**

卵、バター、小麦粉、砂糖のみを使用した素朴なケーキ、マダレナ。トラピスチヌ修道院ではフランスの伝統的なレシピを守って作られています。

## 3 丘の上で食べるソフトクリーム 函館牛乳 あいす118

はこだてぎゅうにゅうあいすいちいちはち

市民の間ではお馴染み「函館牛乳」の工場敷地内にある直販店。函館空港近く、津軽海峡を見おろせる高台にあり、新鮮な牛乳やソフトクリームが最高の景色とともにいただける。コロッケも人気。

乳製品 ☎0138-58-4460 函館市中野町118-17 ⏰4～11月、10:00～17:00（7・8月は～17:30）休期間中無休 Ⓟあり 函館空港から車で5分 MAP 付録② D-2

キャンピングカーを利用した店内

牛柄のカップがかわいらしい牛乳100円

牛乳コロッケ 160円

新鮮な牛乳と卵を使ったソフトクリーム 350円

さわやかで広々とした緑の敷地

## 4 気ままに自由に小皿料理をとりあわせ Restaurant Assiette Caprice

レストランアシェットキャプリス

旬の素材を生かした、食の一期一会が楽しめるフレンチレストラン。事前に連絡をしておくと、ゲストに合わせてメニューをアレンジしてくれる。海沿いにあるので、窓からの景色も美しい。

フレンチ ☎0138-59-3336 函館市湯川町1-2-20 ⏰11:30～14:00、17:00～20:00 休不定休 Ⓟあり 市電湯の川温泉から徒歩10分 MAP 付録④ A-4

1

2

3

満席になることも多いので予約がおすすめ

1ディナーは季節食材で作るアラカルトが中心。コース料理は4100円～。料理は内容が変わるので、要問合せ（写真はイメージ）2隠れ家的なレストラン 3明るく清潔な店内

トラピスチヌ修道院に隣接する市民の森（MAP 付録② D-2）は、季節の花々が咲き、自然を満喫しながら散策できる公園です。

## ・・・・ 映画のロケ地いろいろ ・・・・

「Little DJ」「糸」で
映し出される
八幡坂📖P.16

函館山ロープウェイ📖P.38は
「犬と私の10の約束」で、
函館の街を見渡すシーンに登場

函館山の夜景📖P.38は「糸」、
朝の風景は「海炭市叙景」の初日の出の
シーンに使われています

カフェテリア・モーリエ📖P.27は
「星に願いを」で主人公が行くカフェ

大正湯📖P.27は「パコダテ人」
の主人公の実家になっています

「オーバー・フェンス」「PとJK」では
幸坂を自転車に乗って
走るシーンが描かれています

市電は、「犬と私の10の約束」
「PとJK」で効果的に
使われています

金森赤レンガ倉庫📖P.28は、
「パコダテ人」で主人公が
姉と一緒に出かけています

「スノーフレーク」で登場人物の秘密の
場所になっている旧ロシア領事館
📖P.26

# 函館から<br>ひと足のばす

函館を楽しんだあとは、ひと足のばして
違った風景に出会ってみませんか。
名峰・駒ヶ岳を望む大小の沼をたたえた大沼は、
雄大な自然が広がる道南最大級のリゾート。
四季折々の美しい風景と、いきいきとした
動植物との出会いにあふれています。
道南いさりび鉄道で海沿いに南西へ向かうと
北海道新幹線の駅があるまち、
北斗、木古内があります。
函館から少しだけ時間をとって
のどかな道南へ小さな旅に出てみませんか。

# 森と湖に心癒やされるひととき 大沼でレイクサイド・リゾート

美しい山容の駒ヶ岳の麓、水をたたえる大沼、小沼、蓴菜沼《じゅんさいぬま》。
豊かな緑と湖上の小島、そして島にかけられた橋が
四季折々に豊かな表情を見せるリゾート地です。

七飯町の観光キャラクター、左からポロトくんとポントちゃん

ぐるっと回って

**2時間～**

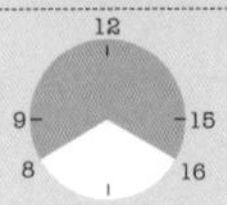


おすすめの時間帯

全4コースある遊歩道は、体力や時間を考慮して選んで。スタートする前に大沼国際交流プラザ P.95で情報収集しましょう。夏でも夕方を過ぎると気温が一気に下がるので、散策は日中がおすすめ。

## 遊歩道を歩く

大沼を存分に楽しみたいなら「島巡りの路」がおすすめ。7つの島をめぐるコースで、1周約50分。また、小沼にある約25分の周遊コース「夕日の道」は、未整備部分もあるが、豊かな自然を体験することができる。最も手軽なのは約15分の「大島の路」コース。四季折々の景色を楽しみながら歩いて。

### 大沼湖畔遊歩道

おおぬまこはんゆうほどう

遊歩道 ☎0138-67-2170（大沼国際交流プラザ）
住 七飯町大沼町 ⏱散策自由 P あり 🚶JR大沼公園駅から徒歩5分 MAP95

大島の路の途中にある名曲「千の風になって」のモニュメント。新井満氏が大沼の別荘で訳詞・作曲したことにちなんで作られた MAP95

## 遊覧船で大沼・小沼をめぐる

船上から美しい湖や周辺の景観が満喫できる大型遊覧船。大沼・小沼島めぐり一周コースが人気で、約30分かけて2つの湖をぐるっと一回りする定番コース。船上から眺める駒ヶ岳は雄大。

### 大沼遊船 おおぬまゆうせん

遊覧船 ☎0138-67-2229
住 七飯町大沼町1023-1
⏱4月中旬～11月下旬、9:00～16:20 休 期間中無休 ¥1460円
P なし 🚶JR大沼公園駅から徒歩7分 MAP95

## ホーストレッキングに挑戦しましょう

体験 90分～

初心者でもロングトレッキングOK

雄大な駒ヶ岳裾野をホーストレッキングし、手綱を持って馬に乗る楽しさを味わえる。コースは90分、2時間半、3時間半の3通り。初心者からベテランまで対応可能。

乗馬クラブ サニーズステーブル ☎01374-5-2106 住森町駒ヶ岳95-23 ⏰10:00～夕方（冬期は11:00～15:00頃） 休無休 ¥90分コース13200円～（要予約） Pあり 交JR大沼公園駅から車で15分（送迎：往路は駒ヶ岳駅のみ可、復路は大沼公園駅まで可、要問い合わせ） MAP95

## カナディアンカヌーに挑戦しましょう

体験 約2時間

大自然に囲まれた湖畔でツーリング

さわやかな風を感じながら進むカヌー。2時間のツアーで無人島に上陸しコーヒーをいただいてひと休み。早朝ツアーやナイトツアー、オーダーメイドツアーなどコースはたくさん。

カヌー イクサンダー大沼カヌーハウス ☎0138-67-3419 住七飯町大沼町22-4 ⏰予約受付は9:00～18:00 休無休 ¥カヌー2時間コース5000円 Pあり 交JR大沼駅から徒歩10分 MAP95

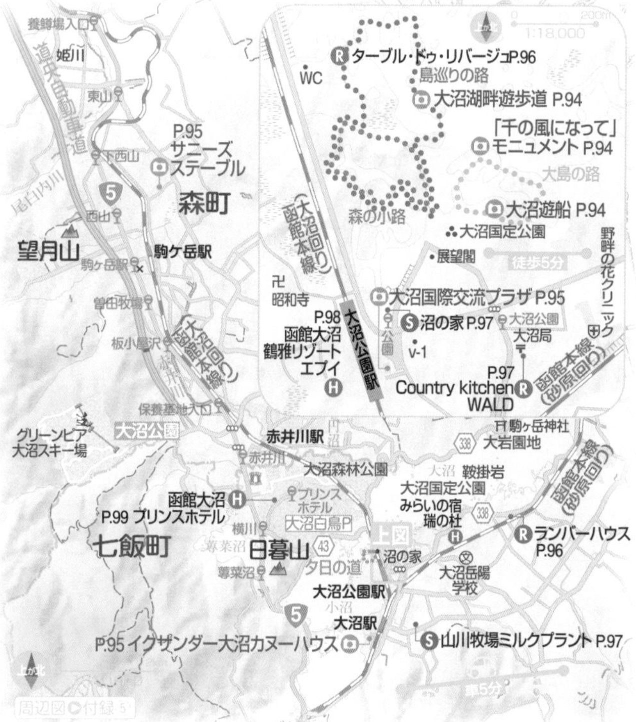


立ち寄りたいのはココ

### 大沼国際交流プラザ

大沼国定公園周辺の観光拠点として、観光プランの相談や各種アクティビティ、レストランなどの情報提供を行う。大沼周辺観光マップの無料配布、荷物の預かり（1個300円）も行っているので、散策前にぜひ訪れて。

観光案内所 ☎0138-67-2170 住七飯町大沼町85-15 ⏰9:00～17:00 休無休 ¥無料 Pあり 交JR大沼公園駅からすぐ MAP95

蓴菜沼で採れたジュンサイの新芽のビン詰めは、大沼のおみやげとしても人気です。

# 自然豊かな大沼で美しい景色と味わうグルメ

アウトドア体験をした後は、大沼ならではのグルメも欠かせません。
大沼の大自然が育んだ肉・野菜は格別のおいしさ。
大沼にしかないスイーツもおすすめですよ。

ロッキーステーキ(サーロイン300g)4700円。サラダとパンまたはライス、牛乳またはスープ付はプラス450円

ログハウスでステーキを楽しむ

## ランバーハウス

大沼の牧場から直送された上質な大沼牛が味わえるレストラン。サーロインのロッキーステーキやモモ肉のスクライプステーキなど、さまざまな部位から選ぶことができる。

☎0138-67-3873 ⌂七飯町軍川19-32 ⓛ11:00～14:30、17:00～19:30(肉がなくなり次第閉店、夜の部は要問い合わせ) 休 月曜(祝日の場合は翌日休) P あり 👣JR大沼公園駅から車で5分 MAP 95

1 手打ちピザもぜひ味わいたい一品 2 ログハウスはすべてオーナーの手作り

ランチクルーズ3980円。開放的な時間を楽しむ約30分間のクルージングで、ランチのほかティータイムも楽しめる。クルーズは要予約

クルーズ船で
湖上テラスのおいしい時間

## ターブル・ドゥ・リバージュ

湖上をゆっくり進むクルーズ船の上で、大沼近郊の食材を使ったこだわりの逸品やティータイムを。地上レストランでも自然を眺めながら食事が楽しめる。

☎0138-67-3003 ⌂七飯町大沼町141 ⓛ11:00～16:00(湖上クルーズの運航は5～10月末)※2024年は4月中旬から営業予定 休 火曜、冬期休業あり ¥ ランチクルーズ3980円(乗船料込み) P あり 👣JR大沼公園駅から徒歩7分 MAP 95

1 湖上クルーズは5～10月末の運航 2 開放感溢れるレストランの店内

**はこだて大沼牛**

味わい深く柔らかい赤みと、甘みを感じる脂がのった味わいが特徴。ステーキ、しゃぶしゃぶ、煮込み料理などどんな料理でも楽しめます。

ひとつひとつ丁寧に調理された料理がお皿をうめ尽くす季節のプレート2000円。お腹も心も満ち足りる

### 自然の景色の中に佇む ウッディなレストラン

## Country kitchen WALD

カントリーキッチンバルト

近郊の食材をふんだんに使用した彩り鮮やかな地中海風家庭料理がいただける。飴色の木肌にアンティークの調度品がよく馴染む店内でゆったりとしたい。

☎0138-67-3877 ⌂七飯町字大沼町301-3 ⏰11:00～14:30、17:00～20:00 休火・水・木曜 Pあり 🚶JR大沼公園駅から徒歩6分 MAP95

1ホームメイドのケーキセット750円 2秋～春には薪ストーブが灯る

## スイーツも欠かせない

大沼だんご（大710円、小430円）

### 大沼名物といえばコレ

## 沼の家 ぬまのや

明治創業の老舗。大沼だんごは折に入っており大沼や小沼を表現。一口サイズのだんごは湖面に浮かぶ島々に見立てている。醤油味に、こしあんかごまあんの組み合わせ。

大沼公園前通りに面している

☎0138-67-2104 ⌂七飯町大沼町145 ⏰8:30～18:00（売り切れ次第閉店）休無休 Pあり 🚶JR大沼公園駅からすぐ MAP95

### 北海道の自然のおいしさそのまま

## 山川牧場ミルクプラント

やまかわぼくじょうミルクプラント

ワッフルコーンのフルブレンドソフト400円。バニラソフトにフルーツの果肉がたっぷり

明治後期の創業以来おいしくて安全な牛乳を作り続け、道南の洋菓子メーカーからの信頼も厚い。敷地内で絞った新鮮な生乳から作られるバニラソフトが一番人気。

☎0138-67-2114 ⌂七飯町大沼町628 ⏰10:00～17:00（11～3月は～16:00）休木曜（祝日の場合は翌日休）Pあり 🚶JR大沼駅から徒歩10分 MAP95

おみやげコーナーも充実

山川牧場のジャージー牛と黒毛和牛をかけ合わせた幻の牛「ジャー黒牛」、大沼町内で見かけたらぜひご賞味を。

# 景色とグルメが自慢<br>大沼のすてきな宿でくつろぐ

**山・水辺・森林がつくり出す風景が「新日本三景」に数えられる大沼。美しい自然の中、リゾートホテルが優雅な時間を提供してくれます。澄んだ空気を吸い、ゆったりと羽をのばしましょう。**

1フレンチコースエプイのディナー 22000円 2四季折々の美しい景色を愉しめる、フォトジェニックな「ドレスガーデン」 3開放的なスパリビング付ツインルーム

### 大沼50マイルスローフードとラグジュアリーな空間で愉しむ

## 函館大沼 鶴雅リゾート エプイ はこだておおぬまつるがリゾートエプイ

北海道の豊かな自然の中でリゾートステイを堪能できるオーベルジュ。「花と緑と食のおいしい1日」がコンセプトで、ナチュラルなインテリアの客室、美しく手入れされた緑あふれるガーデン、地元食材を使うスローフードレストラン、ジオラマを愉しむバーラウンジなど、五感すべてが満たされる環境が整う。「エプイ」とはアイヌ語で「樹々の花や実」の意味。

☎0138-67-2964
住 七飯町大沼町85-9
時 IN15:00 OUT11:00 室 洋30
P あり 交 JR大沼公園駅から徒歩5分 MAP 95

**宿泊プラン**

**スタンダードツイン**
1泊2食付26550円～
**露天風呂付ツイン**
1泊2食付35350円～
**スパリビング付ツイン**
1泊2食付43050円～

和やかな雰囲気のレストラン

ジオラマが楽しめるバーラウンジ

朝の爽やかな空気を感じる湖上テラス

小麦が香るベーカリー

カヌーで大沼の大自然を満喫

### 焼きたてのパンが人気

函館大沼プリンスホテルにあるプリンスパン工房では北海道産小麦など素材にこだわったホテルメイドのパンを販売しています。

1 自然の中に悠然とたたずむ 2 緑を映す池に面した温泉露天風呂。すべすべつるつるになると評判 3 ベッドはシモンズ社製。駒ヶ岳を望むマウンテンビューの客室も

森の中のリゾートホテルで優雅なひととき

## 函館大沼プリンスホテル はこだておおぬまプリンスホテル

白樺の自然林に囲まれた温泉のあるリゾートホテル。ゴルフコース、レンタサイクル、セグウェイツアー、メインダイニング、パン工房など、さまざまな施設とアクティビティが充実しており、心がほぐれる豊かなホテルステイがかなう。露天風呂から池越しに四季の景観が楽しめる「森のゆ」は、柔らかなアルカリ性のお湯が美肌に導いてくれる。

☎0138-67-1111
七飯町西大沼温泉
IN15:00 OUT12:00
室 洋292 P あり JR大沼公園駅から車で10分（無料定期送迎バスあり）
MAP 95

**宿泊プラン**

**モデレートツイン（1室2名利用）**
1泊朝食付7939円～
**スーペリアツイン（1室2名利用）**
1泊朝食付9379円～

パン工房でおやつ

セグウェイツアーに参加

美食の空間でフレンチ

「森のゆ」で温泉を堪能

すがすがしい朝のおさんぽ

myことりっぷ

# トラピスト修道院を訪ねて いさりび鉄道で北斗・木古内へ

**津軽海峡を望みながらガタゴト走る道南いさりび鉄道。**
**厳かな修道院の空気にふれたり、地場の食材を使ったイタリアンを味わったり。**
**ゆっくり道南らしさを体感できます。**

1国道から修道院までの並木道が美しい 2正門の両側に資料室があり、修道院内で行われている作業や院内の様子などを写真とともに紹介 3ルルドの洞窟は壁一面にツタがからまり、マリア像が静かにたたずむ 4中庭には入ることはできないので門の外から眺めて 51896(明治29)年11月、厳律シトー会燈台の聖母トラピスト修道院として創立

### 並木道の向こうに見えるゴシックの建物が印象的

## 燈台の聖母 トラピスト修道院

‖渡島当別‖とうだいのせいぼトラピストしゅうどういん

日本で最初の男子修道院で、修道院内では修道士たちが自給自足の生活を送っている。美しい建物や牧歌的な風情が漂う並木道の散策が楽しめるほか、院外にある資料展示室や売店、修道院から徒歩30分ほどのところにあるルルドの洞窟などの見どころもある。

修道院 ☎0138-75-2108 北斗市三ツ石392 院外は見学自由、売店は9:00～17:00(10月16日～3月末は8:30～16:30) 休無休(売店は12月25日) Pあり 道南いさりび鉄道渡島当別(おしまとうべつ)駅から徒歩20分 MAP付録⑤ B-3

トラピストクッキー 24個入1528円(税別)。修道院製酪工場で作られているトラピストバターを使用

ポストカードなどのグッズも販売している売店

ソフトクリーム400円。トラピストバターをクリームとコーンに使用(販売期間は3月15日～12月24日)

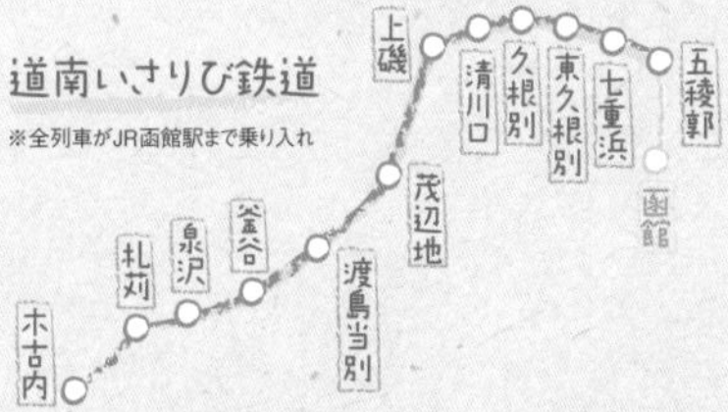


**修道院の最寄り駅「渡島当別駅」**

渡島当別駅はトラピスト修道院を模した洋風デザインの木造駅舎。ステンドグラスやキリスト像が設置されています。

1 濃紺に函館山のシルエット、街明かりや星空をまとった車両「ながまれ号」 2 北海道新幹線も発着する木古内駅

### オーシャンビューなローカル列車

## 道南いさりび鉄道 ‖五稜郭～木古内‖どうなんいさりびてつどう

五稜郭（JR函館駅まで乗入）から木古内を結ぶ鉄道路線。海岸に沿って運行されるため、車窓から津軽海峡の美しい眺めを楽しめる。通常運行のほか、観光列車としても運行。詳細は公式サイトで。

鉄道 ☎0138-83-1977 住 JR函館駅～道南いさりび鉄道木古内駅間
営 平日9:00～17:00（電話受付） 料 片道190円～
HP https://www.shr-isaribi.jp MAP 付録⑤ B-3

約1/5のスケールで再現された咸臨丸。1871年（明治4）年に、仙台から箱館経由で小樽に向かう途中にサラキ岬沖合で座礁。数日後に破船沈没した

### 数万球のチューリップを満喫

## サラキ岬 ‖木古内‖サラキみさき

この岬の沖合には幕末の軍艦・咸臨丸が沈んでいるとされ、終焉の地としてその歴史と功績を語り継ぐ。5月には、咸臨丸が建造されたオランダの国花である色とりどりのチューリップが満開になる。

さまざまな品種や色彩のチューリップが咲く。岬からは、函館山や青森県の下北半島、矢越岬など、津軽海峡の大パノラマが楽しめる

岬 ☎01392-6-7357（木古内町観光協会） 住 木古内町亀川
営 見学自由 P あり 交 JR木古内駅から車で10分 MAP 付録⑤ B-3

### 木古内で人気のイタリアン

## どうなんde's ‖木古内‖どうなんデス

道の駅 みそぎの郷 きこない内にあるイタリアンレストラン。木古内産はもちろん、道南エリアの優れた海の幸や山の幸など、四季折々の旬の食材を楽しむことができる。

レストラン ☎01392-6-7210
住 木古内町字本町338-14 道の駅 みそぎの郷 きこない内 営 11:00～14:00、ディナー要予約（状況により変更となる場合あり） 休 不定休
P あり 交 JR・道南いさりび鉄道木古内駅からすぐ MAP 付録⑤ B-3

1 木のぬくもりを感じる店内 2 どうなんde's特製ナポリタン1100円。プラス500円で塩パン、サラダ、スープ、ジェラートが付いてお得

道南いさりび鉄道が１日乗り放題になる「いさりび１日きっぷ」（1000円）や「いさりび1日カンパス」（2000円）がありますよ。

# 函館へは、直行便や羽田経由の飛行機か北海道新幹線が便利です

**主要空港からは直行便が一番便利ですが、
羽田空港経由であれば便数も多く効率的です。
北海道新幹線で車窓風景を楽しむのもいいですね。**

## 羽田から１日８便、伊丹・中部からも直行便あり

函館を訪れるには、飛行機の利用が最もオーソドックスです。羽田からは1日8便、伊丹空港から同2便、中部空港から同1便の直行便があります。また北海道新幹線で東京、宮城、青森からもアクセスできます。

**函館空港、北海道新幹線から函館市街へ**

函館空港から函館駅前へは、空港連絡シャトルバスで20分（500円）、タクシーで20分（約3300円）。湯の川温泉へは空港連絡シャトルバスで8分（230円）、タクシーだと10分（約1300円）ほど。

JR北海道新幹線・新函館北斗駅からは、JR函館本線「はこだてライナー」で約15～25分（440円）です。

## 函館へのアクセス

| どこから | なにで？ | ルート | 所要時間 | ねだん |
|---|---|---|---|---|
| 東京から | 飛行機・バス | **羽田空港**→ANA・JAL・ADO→**函館空港**→空港連絡シャトルバス（函館帝産バス）→**函館駅前** | 1時間55分～2時間30分 | 41130円（JAL） |
| | 新幹線・その他の鉄道 | **東京駅**→JR東北・北海道新幹線「はやぶさ」→**新函館北斗駅**→JR函館本線「はこだてライナー」→**函館駅** | 4時間30分～5時間10分 | 23760円 |
| 札幌から | 飛行機・バス | **丘珠空港**→HAC→**函館空港**→空港連絡シャトルバス（函館帝産バス）→**函館駅前** | 1時間15分～2時間5分 | 20410円 |
| | 飛行機・バス | **新千歳空港**→ANA→**函館空港**→函館帝産バス→**函館駅前** | 1時間15～20分 | 20870円 |
| | その他の鉄道 | **札幌駅**→特急「北斗」→**函館駅** | 3時間30～50分 | 9440円 |
| 仙台から | 新幹線・その他の鉄道 | **仙台駅**→JR東北・北海道新幹線「はやぶさ」→**新函館北斗駅**→JR函館本線「はこだてライナー」→**函館駅** | 3時間～3時間50分 | 18170円 |
| 大阪から | 飛行機・バス | **伊丹空港**→ANA・JAL→**函館空港**→空港連絡シャトルバス（函館帝産バス）→**函館駅前** | 2時間10～30分 | 50890円（JAL） |
| 名古屋から | 飛行機・バス | **中部空港**→ADO→**函館空港**→空港連絡シャトルバス（函館帝産バス）→**函館駅前** | 2時間15分 | 39470円 |
| 青森から | 新幹線・その他の鉄道 | **新青森駅**→JR北海道新幹線「はやぶさ」「はやて」→**木古内駅**→道南いさりび鉄道→**函館駅** | 2時間5分～3時間15分 | 6970円 |
| | 新幹線・その他の鉄道 | **新青森駅**→JR北海道新幹線「はやぶさ」「はやて」→**新函館北斗駅**→JR函館本線「はこだてライナー」→**函館駅** | 1時間20～45分 | 8160円 |
| | フェリー | **青森港**→津軽海峡フェリー→**函館港（函館港フェリーターミナル）** | 3時間40分 | スタンダード2260円 |
| | フェリー | **青森港**→青函フェリー→**函館港（青函フェリーターミナル）** | 3時間50分～4時間 | 2200円 |

**おトクなきっぷ**

**北海道&東日本パス**

JR北海道とJR東日本、青い森鉄道、IGRいわて銀河鉄道、北越急行の全線の普通列車（快速含む）普通車自由席及びJR東日本のBRTが7日間乗り放題。11330円。例年春期・夏期・冬期限定で発売、要確認。※2024年1月現在


マークの説明 飛行機 新幹線 その他の鉄道 バス フェリー

## 問い合わせ先

**飛行機**

ANA（全日空）……………………… ☎0570-029-222
JAL（日本航空）・HAC（北海道エアシステム）
……………………………………………… ☎0570-025-071
ADO（エア・ドゥ）（東京）………… ☎03-6741-1122

**鉄道**

JR東日本お問い合わせセンター… ☎050-2016-1600
JR北海道電話案内センター …… ☎011-222-7111
道南いさりび鉄道 ………………… ☎0138-83-1977

### 車いすやベビーカーの貸出

函館駅構内にある函館市観光案内所では、車いすとベビーカー（1か月〜3歳対象）の無料貸出サービスを実施しています。

データは2024年2月現在のものです。鉄道のねだんは、通常期の普通車指定席利用の場合（北海道内の在来線特急は通年通常期、新幹線・特急を利用しない場合は普通運賃のみ）、飛行機のねだんは旅客施設利用料を含む通常期の普通運賃（JALはフレックス普通席タイプB運賃、ANAはFLEX D運賃）です。

## お得に旅行できる割引運賃をチェック

各航空会社には、往復で購入したり、早期予約や特定の便を利用することで割引になる料金があります。内容は時期や会社ごとに異なるため、事前にしっかり確認を。

関東や関西から来る人は、函館空港から外に出た瞬間空気がひんやりと感じるかも。夏でも肌寒い日があります。

# 函館の街歩きには市電を使うのが便利です

**函館の主な見どころは、市電を使えばほとんど回れます。「市電1日乗車券」などの便利なきっぷもあるので、気軽に街歩きを楽しみたいですね。**

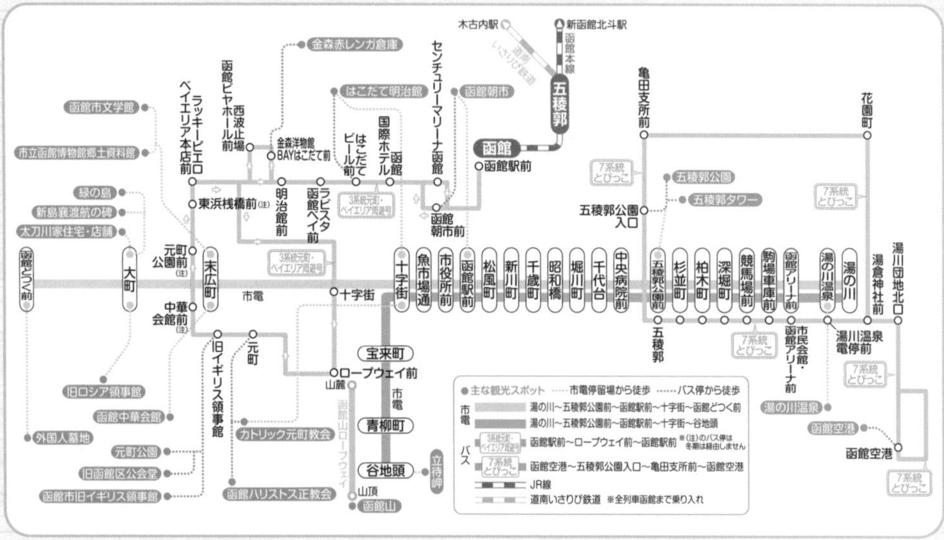


### ■函館市電

〈湯の川～函館駅前～十字街～函館どつく前〉と、〈湯の川～函館駅前～十字街～谷地頭〉の2系統が、それぞれ16分間隔で運行しています。

¥1乗車 210～260円

### ■函館バス「3系統元町・ベイエリア周遊号」

函館バスは、函館市内を中心に道南地域で路線バスや周遊バス、定期観光バスを運行。函館駅前バスターミナルに案内所があります。「元町・ベイエリア周遊号」は、JR函館駅前～ベイエリア～元町エリアを周遊する旅行者向けの路線バスです。運行時刻は要問い合わせ。

¥1乗車250円

### ■函館山ロープウェイ

函館山山麓駅と山頂駅との間を、10:00～22:00(上り最終21:50)、片道約3分を15分間隔で運行しています(季節・状況により変動あり)。山麓駅は、元町や十字街の電停から徒歩10分のところにあります。

¥片道1200円・往復1800円

### 市電・バスお得な乗車券

**市電1日乗車券［600円］**

同日に3回以上市電を利用する場合におすすめ。
利用範囲：市電全線
購入場所：市電車内・函館市観光案内所など

**函館バス専用バス1日のりほ～だいきっぷ「カンパス」［1200円］**

3系統元町・ベイエリア周遊号など、
指定区間の路線バスに利用できる。
利用範囲：函館バスの指定区間
購入場所：スマホ型乗車券のみ。Webサイト「DohNa!!」で販売

**市電・函館バス共通乗車券［1日乗車券1400円・2日乗車券2400円］**

函館バスは利用できるエリアが限られている。
ロープウェイシャトルバス、函館山登山バスの利用可。
利用範囲：市電全線と函館バスの指定区間
購入場所：スマホ型乗車券のみ。Webサイト「DohNa!!」で販売

### 函館市電 箱館ハイカラ號

1918(大正7)年から1936年(昭和11)年まで運行していた当時の姿に復元されたレトロ電車・箱館ハイカラ號が在籍しています。

## JR函館駅から観光スポットへ

### JR函館駅→ベイエリア

- 市電で十字街まで5分／210円、ベイエリアまで徒歩5分
- タクシーで8分／800円

### JR函館駅→元町エリア

- 市電で末広町まで8分／210円、元町エリアまで徒歩5～10分
- タクシーで10分／1100円

### JR函館駅→五稜郭公園

- 市電で五稜郭公園前まで17分／230円
  五稜郭公園まで徒歩15分
- タクシーで10分／1700円

### JR函館駅→外国人墓地

- 市電で函館どつく前まで12分／230円
  外国人墓地まで徒歩15分
- タクシーで15分／1700円

### JR函館駅→湯の川温泉

- 市電で湯の川温泉まで31分／250円
  各ホテルまで徒歩5～15分
- タクシーで20分／2300円

## 湯の川温泉から観光スポットへ

### 湯の川温泉→五稜郭公園

- 市電で五稜郭公園前まで14分／230円
  五稜郭公園まで徒歩15分
- タクシーで15分／1800円

### 湯の川温泉→土方・啄木浪漫館

- 路線バスで啄木小公園まで8分／280円
- タクシーで10分／1300円

## レンタサイクルはここで

### はこりん♪

電動アシスト付きの自転車を借りられるサービス。坂が多い元町でも楽に移動できると人気です。事前予約制。
※ヘルメット要着用(貸出あり)、身分証明書必須

期間 4月1日～11月24日 ⏱10:00～17:30 ¥朝割(12:30までに返却)880円、4時間1430円、1日(営業時間内)2090円
貸出窓口 キラリス函館1Fショップ「えぞりす」 ☎0138-27-4777

### BAYはこだてレンタサイクル

通常タイプのシティサイクルが借りられるサービス。変速ギア付きなので、多少の坂道なら快適に走れます。

期間 4月上旬～10月下旬頃 ⏱10:00～17:00 ¥1台(営業時間内)1650円 貸出窓口 金森赤レンガ倉庫インフォメーション ☎0138-27-5530 MAP付録① C-4

### 問い合わせはこちらまで

函館市観光案内所 ☎0138-23-5440
函館空港 ☎0138-57-8881
函館市企業局交通部事業課 ☎0138-52-1273
函館バス(函館営業所)(路線バス／元町・ベイエリア周遊号) ☎0138-51-3135
函館帝産バス(空港連絡シャトルバス) ☎0138-55-1111
函館山ロープウェイ ☎0138-23-3105
函館タクシー ☎0138-51-0168

市電の乗車券にはスマホ利用・クレジット決済限定の「24時間乗車券(900円)」もあります。

# 函館からひと足のばすなら鉄道が基本です

**函館から大沼や北斗、木古内へは鉄道での移動が便利です。
フリーきっぷもあるので、プランに合わせて利用するといいですよ。**

## 函館から各エリアへのアクセス

| どこへ？ | なにで？ | ルート | 所要時間 | ねだん |
|---|---|---|---|---|
| 大沼へ | | **函館駅**→JR特急「北斗」→**大沼公園駅** | 30分 | 1800円 |
| | | **函館駅**→JR函館本線普通→**大沼公園駅** | 50分 | 640円 |
| | | **新函館北斗駅**→JR特急「北斗」→**大沼公園駅** | 10分 | 1190円 |
| | | **新函館北斗駅**→JR函館本線普通→**大沼公園駅** | 20分 | 340円 |
| 北斗（上磯）へ | | **函館駅**→道南いさりび鉄道→**上磯駅** | 25分 | 430円 |
| 北斗（渡島当別）へ | | **函館駅**→道南いさりび鉄道→**渡島当別駅** | 40～45分 | 790円 |
| 木古内へ | | **函館駅**→道南いさりび鉄道→**木古内駅** | 1時間5分 | 1170円 |

## 鉄道・バスお得情報

### はこだて旅するパスポート 1日間用2690円、2日間用3650円

函館駅・新函館北斗駅周辺のJR線快速・普通列車普通車自由席（函館本線函館～森、渡島砂原経由も含む）、函館バス（函館市内全線ほか一部区間）、函館市電全線、道南いさりび鉄道全線（五稜郭駅～木古内駅）が1日間または2日間乗り放題。きっぷの提示により津軽海峡フェリー（函館⇔青森・大間航路）が2割引で購入できるほか、提携施設でお得なサービスを受けられる。JR北海道函館支社管内のみどりの窓口で販売。

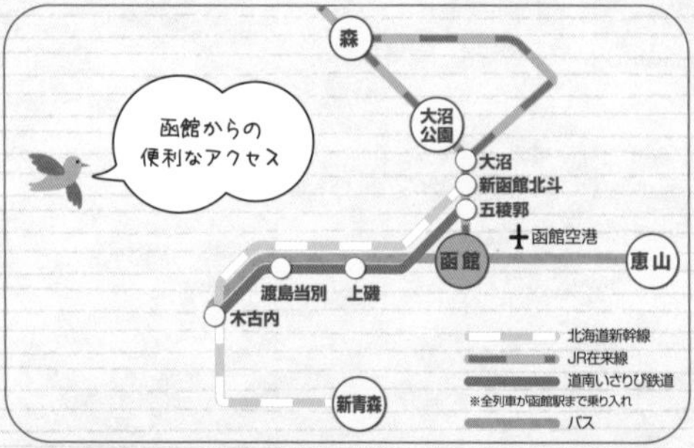


### 北海道フリーパス　27430円

一部期間を除き、北海道新幹線以外のJR北海道の在来線特急列車の普通車自由席及びジェイ・アール北海道バスが7日間乗り放題。加えて、普通車指定席も6回まで利用可能。

**フリーきっぷの問い合わせ先**

JR北海道電話案内センター
☎011-222-7111

※2024年1月現在

### 青森・大間にフェリーで行けます

函館駅から車で15分ほどの函館フェリーターミナルから、青森の大間まで1日2便運行しています。詳しくは津軽海峡フェリーのHPを参照。

## JR函館駅前バスのりばはこちら

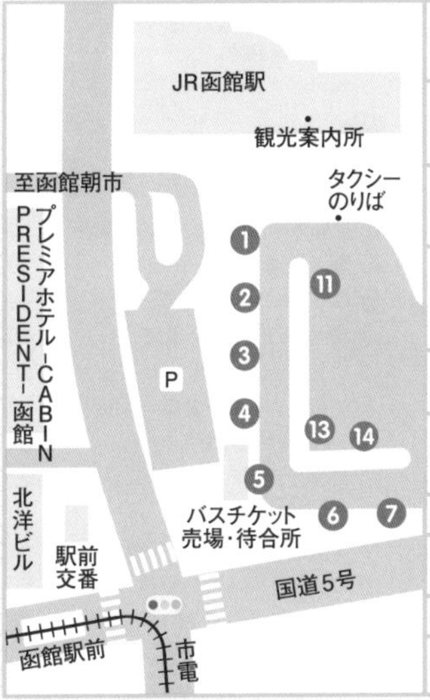


| | |
|---|---|
| 1 | 五稜郭経由 **新函館北斗駅**<br>五稜郭・新函館北斗駅経由 **江差ターミナル**<br>上磯駅前通経由 **富川会館前・茂辺地** |
| 2 | 五稜郭経由 **新函館北斗駅**<br>五稜郭駅前経由 **新函館北斗駅**<br>五稜郭駅前経由 **日吉営業所前** |
| 3 | 啄木小公園・湯の川温泉・熱帯植物園前経由<br>**日吉営業所前・函館空港**<br>深堀町・花園町経由 **日吉営業所前昭和ターミナル** |
| 4 | 函館山登山バス（季節運行）<br>ロープウェイシャトルバス<br>元町・ベイエリア周遊号<br>五稜郭タワー・トラピスチヌシャトルバス |
| 5 | 五稜郭経由 **旭岡中学校前**<br>五稜郭経由 **日吉営業所前・新函館北斗駅** |
| 6 | 五稜郭・湯川温泉電停前経由<br>**釜谷・恵山御崎・鹿部出張所・椴法華支所前**<br>五稜郭・上磯駅前通・木古内駅前経由 **知内出張所・松前出張所** |
| 7 | 函館バスセンター |
| 11 | 函館空港連絡バス（函館帝産バス）<br>函館港津軽海峡フェリーターミナル（函館帝産バス） |
| 13 | 新函館北斗駅・八雲・今金経由上三本杉（せたな方面） |
| 14 | 湯の川温泉・ロープウェイ前・<br>青函フェリーターミナル（北海道バス） |

バス会社の記載のない系統はすべて函館バスの運行。本書と関連の薄い系統・行先は省略。
「五稜郭」バス停は市電五稜郭公園前最寄り、「五稜郭駅前」バス停はJR五稜郭駅前なので注意が必要。

### 観光バス「函館夜景号」

函館山夜景やベイエリアのライトアップ施設めぐりが組み込まれている特別バスコース。発着はJR函館駅やベイエリア、元町のホテル3カ所、湯の川のホテル5カ所となっています。乗車の3日前までに要予約。詳しくは函館バス（函館営業所）まで問い合わせを。

**大沼・函館空港への鉄道・バスの問い合わせは……**

JR北海道電話案内センター
☎011-222-7111
函館バス（函館営業所）
☎0138-51-3135
北海道中央バス予約センター
☎0570-200-600
函館帝産バス（空港連絡シャトルバス）
☎0138-55-1111

## 大沼まではドライブもおすすめです

| どこへ？ | ルート | 距離 | 所要時間 |
|---|---|---|---|
| 大沼へ | **函館駅**→国道5号（函館新道経由）→道道338号→道道43号→**大沼公園** | 約33km | 約40分 |

### 予約&問い合わせ先

**日産レンタカー**
予約センター…☎0120-00-4123
函館空港店…☎0138-57-1441
函館駅前店…☎0138-27-4123

**トヨタレンタリース**
予約センター…☎0800-7000-111
函館空港店 …☎0138-59-0100
函館駅前店 …☎0138-26-0100

**駅レンタカー北海道**
函館営業所…☎0138-22-7864
新函館北斗営業所…☎0138-77-5333
函館空港営業所（日産レンタカーカウンター）
…☎0138-57-1441

**＊すべてWEB予約OKです**

JR北海道新幹線が乗り入れる新函館北斗駅と、函館駅を最速15分で結ぶ「はこだてライナー」は1日16本運行で便利です。

index

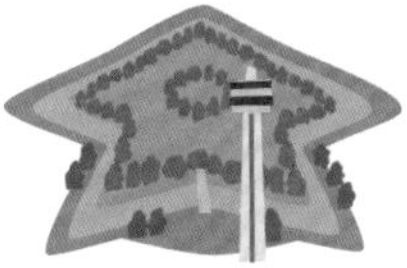

みどころ　Ⓡ レストラン　Ⓒ カフェ　Ⓢ ショップ　Ⓗ ホテル　♨ 温泉

## は

📷 みどころ Ⓡ レストラン Ⓒ カフェ Ⓢ ショップ Ⓗ ホテル ♨ 温泉

ことりっぷ co-Trip

# 函館

STAFF
●編集
ことりっぷ編集部
編集工房ビータス（柳谷朱理・樋口恵・三部真優・江川奈々望）
●取材・執筆
編集工房ビータス
アイドマ編集室（外岡実）
●撮影
編集工房ビータス
田名辺諭史写真事務所（田名辺諭史）
●表紙デザイン
GRiD
●フォーマットデザイン
GRiD
●キャラクターイラスト
スズキトモコ
●本文デザイン
GRiD
●DTP制作
明昌堂
●地図制作協力
田川企画
●校正
田川企画
●協力
関係各市町村観光課・観光協会、
関係諸施設、はこだてフィルムコミッション、
函館市公式観光情報サイト「はこぶら」

2024年5月1日　5版1刷発行

発行人　川村哲也
発行所　昭文社
本社：〒102-8238 東京都千代田区麹町3-1
☎0570-002060（ナビダイヤル）
IP電話などをご利用の場合は☎03-3556-8132
※平日9:00～17:00（年末年始、弊社休業日を除く）
ホームページ:https://sp-mapple.jp/

●掲載データは、2024年1～2月の時点のものです。変更される場合がありますので、ご利用の際は事前にご確認ください。消費税の見直しにより各種料金が変更される可能性があります。そのため施設により税別で料金を表示している場合があります。なお、感染症に対する各施設の対応・対策により、営業日や営業時間、開業予定日、公共交通機関に変更が生じる可能性があります。おでかけになる際は、あらかじめ各イベントや施設の公式ホームページ、また各自治体のホームページなどで最新の情報をご確認ください。また、本書で掲載された内容により生じたトラブルや損害等については、弊社では補償いたしかねますので、あらかじめご了承のうえ、ご利用ください。
●電話番号は、各施設の問合せ用番号のため、現地の番号ではない場合があります。カーナビ等での位置検索では、実際とは異なる場所を示す場合がありますので、ご注意ください。
●料金について、入場料などは、大人料金を基本にしています。
●開館時間・営業時間は、入館締切までの時刻、またはラストオーダーまでの時刻を基本にしています。
●休業日については、定休日のみを表示し、臨時休業、お盆や年末年始の休みは除いています。
●宿泊料金は、基本、オフシーズンの平日に客室を2名1室で利用した場合の1人あたりの料金から表示しています。ただし、ホテルによっては1部屋の室料を表示しているところもあります。
●交通は、主要手段と目安の所要時間を表示しています。ICカード利用時には運賃・料金が異なる場合があります。
●本書掲載の地図について
測量法に基づく国土地理院長承認（使用）
R 5JHs 14-156136　R 5JHs 15-156136
R 5JHs 16-156136　R 5JHs 17-156136
R 5JHs 18-156136

ISBN 978-4-398-15613-6
定価は表紙に表示してあります。